4차 산업혁명 시대를 살아갈 우리

미래는
어떻게 올까?

4차 산업혁명 시대를 살아갈 우리

미래는
어떻게 올까?

곽노필 지음

산하

꿈꾸는 미래에서 만드는 미래로

한 치 앞도 내다볼 수 없는 세상이라고들 말합니다. 하루가 다르게 바뀌는 기술과 무수한 인간의 욕망이 뒤엉키고 부딪치면서 변화무쌍한 세상을 만들어 가고 있습니다. 내일 당장 어떤 새로운 일이 일어날지 짐작하기 어렵습니다. 시시각각 급변하는 오늘의 세상을 그래서 뷰카(VUCA)시대라고 부릅니다. 변동성(Volatility), 불확실성(Uncertainty), 복잡성(Complexity), 모호성(Ambiguity)이 증가하고 있다는 뜻이죠.

이런 변화 뒤에는 과학기술이 있습니다. 기술 개발과 보급 속도가 빨라지면서 과학기술이 세상에 끼치는 영향력도 갈수록 커지고 있습니다. 전 세계의 수십억 인구가 한시도 손에서 놓지 못하는 스마트폰을 생각하면 쉽게 이해할 수 있습니다. 아이폰이 물꼬를 튼 스마트폰은 불과 몇 년 사이에 생활필수품이 되었습니다.

바둑 인공지능 알파고의 등장은 21세기의 기술 급변 상황을 적나라하게 보여 준 사건이었습니다. 알파고가 인간 최고수를 물리치자, 세상은 순식간에 인공지능 열기로 가득 찼습니다. 인공지능이 인간을 넘어서려면 수십 년은 더 걸릴 것이라는 예상은 보기 좋게 빗나갔습니다.

무엇인가 걷잡을 수 없는 변화의 물결이 밀려든다는 생각이 들기 시작했습니다. 새로운 기술에 대한 희망과 미지의 기술에 대한 두려움이 뒤섞여 몰려왔습니다. 머지않아 사람들이 일할 자리가 사라지는 게 아니냐는 걱정도 나왔습니다. 그런데 찬찬히 살펴보면 이런 현상은 인공지능에서만 진행되는 게 아닙니다. 사물인터넷, 3D 프린팅, 자율주행차, 생명과학 등에서도 놀라운 변화가 일어나고 있습니다.

이렇게 밀려오는 변화의 실체는 뭘까요? 그 중심에 있는 응어리를 한마디로 표현한 말이 바로 '4차 산업혁명'입니다. '혁명'이라는 말을 붙일 만큼 우리 삶에 엄청난 영향을 끼칠 기술로 여긴 것이죠. 4차 산업혁명의 핵심 기술들은 세상을 어떤 방향으로 바꾸게 될까요?

인공지능은 지금보다 훨씬 다양한 영역에서 인간을 대신할 것입니다. '생각하는 도구'를 갖게 된 인간 개인의 능력도 더욱 확장되겠죠. 그러니 이제부터라도 인공지능을 맞을 준비를 해야 합니다. 10년 뒤에는 세계의 모든 사람과 사물이 인터넷 네트워크로 연결될 수 있습니다. 사람과 사물이 디지털로 이어지는 빅데이터 세상이 현실화합니다. 자율주행차는 차에 대한 고정 관념을 바꾸고 이동의 자유를 한껏 넓힐 것입니다. 자동차는 소유 대상이 아닌 이용 수단이 되고, 운전 시간을 자유 시간으로 활용하게 되겠죠. 제조 방식을 '매뉴팩처링'에서 '프린팅'으로 바꾸려는 3D 프린팅은 소비자와 생산자의 경계선을 허물어뜨리는 데 도전할 것입니다. 생명과학은 생명을 분자 수준에서 다루는 시대를 열었습니다. 과거엔 생각지도 못했던 인간 개조가 이루어질 수 있습니다. 생물과 기계와 디지털이 융합한 새로운 유형의 인간이 탄생할 수도 있습니다. 디지털을 고리로 모든 것을 연결·융합하고 이를 토대로 인간의 한계를 무한하게 넓혀 가는 세상. 그것이 바로 4차 산업혁명이 꿈꾸는 미래입니다.

과학기술은 이런 흐름에 개입하는 도구 가운데 하나입니다. 개입한다는 것은 변화의 내용과 속도, 방향을 선택할 수 있다는 뜻입니다. 이런 시대를 살아가는 데 중요한 것은 속도보다 방향입니다. 뒤처진 속도는 더 노력해서 따라가면 되지만, 방향을 잘못 잡으면 되돌아가서 다시 바로잡아야 하니까요.

기술 변화가 반드시 세상을 밝고 좋은 쪽으로 바꿀 거라는 보장은 없습니다. 잘못 쓰거나 나쁘게 쓰거나 함부로 쓰면 자칫 인류의 목을 겨누는 칼이 될 수도 있습니다. 이런 위험을 피하려면 미래의 눈으로 중심을 잡고 대응할 줄 알아야 합니다.

어떻게 하면 기술 지배력이 압도적으로 커지는 세상에서 방향을 잃지 않고 자신의 경쟁력을 키울 수 있을까요? 눈앞에 펼쳐지는 현실을 다양한 각도에서 살필 줄 아는 '질문하는 힘'을 키워 보길 권합니다. 그 이유와 방법에 대해서도 살펴보고자 합니다.

이 책을 마무리하면서 스위스의 한 과학 모험가 집안 이야기를 소개했습니다. 보다 나은 인류의 삶을 위해 평생을 바친 이들을 보면 우리가 만들어 가야 할 바람직한 미래의 모습이 떠오릅니다.

이 책이 4차 산업혁명이라는 거대한 파도의 실체를 이해하고, 당당하게 맞이하는 데 작은 도움이 될 수 있기를 바랍니다. 꿈꾸는 것만으로는 부족합니다. 미래는 실천하고 움직이는 사람의 것입니다. 4차 산업혁명이 펼쳐 갈 세상도 우리가 만들기 나름입니다.

곽노필

차례

● 머리말 꿈꾸는 미래에서 만드는 미래로 04

1 변화의 시대를 사는 우리 _4차 산업혁명 11

2 생각하는 도구를 갖는다 _인공지능 35

3 모든 것이 연결된다 _사물인터넷 63

4 누구나 생산자가 된다 _3D 프린팅 79

5 이동의 자유가 온다 _자율주행차
93

6 호모 사피엔스냐, GMO 사피엔스냐? _생명과학
121

7 미래를 어떻게 준비할까? _질문하는 힘
149

8 모험가 3대에게 배운다 _미래인의 삶
169

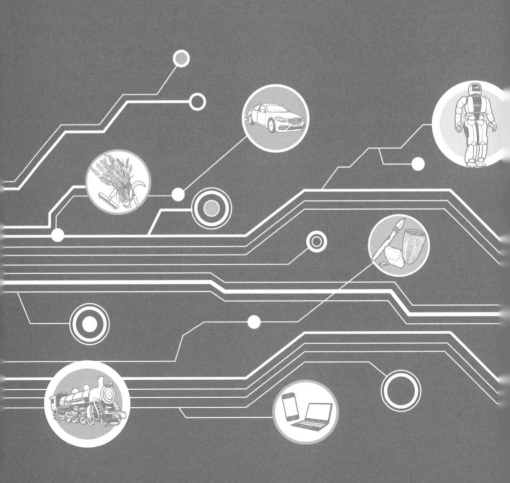

변화의 시대를 사는 우리

4차 산업혁명

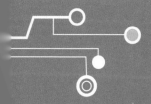

"우리는 도구를 만들고, 도구는 우리를 만든다."

_마셜 맥루한(문화비평가)

과학자들은 우주의 탄생 순간을 '빅뱅(Big Bang)'이라고 표현합니다. 아주 먼 옛날. 한곳에 모여 있던 엄청난 에너지가 어느 순간 폭발하면서 우주가 형성되기 시작했다는 것이죠. 그로부터 지금의 우리가 태어나기까지 걸린 세월은 약 138억 년입니다. 우주 나이에 비하면 인간 문명의 나이는 갓난아기 정도에 불과합니다. 하지만 그 짧은 세월에 지금 우리가 누리는 엄청난 문명 세상이 만들어졌습니다.

빅뱅 이후 38만 년이 지나면서 우주를 구성하는 기본 물질인 원자가 형성되기 시작했습니다. 이 원자들이 무수히 뭉치고 흩어지는 과정을 반복하면서 수많은 별이 태어났습니다. 태양도 그 가운데 하나죠. 지금까지의 우주 역사를 1년 치 달력으로 축소하고. 지금을 1년의 마지막 순간이라고 치면 지구를 포함한 태양계는 가을 문턱이라 할 9월이 시작되어서야 등장한 지각생입니다.

현생 인류인 호모 사피엔스가 등장한 것은 지금으로부터 불과

8분 전 일입니다. 12월 31일 밤 11시 52분이었죠. 인류 문명의 출발점이라 할 농사를 짓기 시작한 건 우주시계 바늘이 12월 31일 밤 11시 59분 32초를 가리킬 때였습니다. 인류가 문명 생활을 누린 기간은 1년 가운데 고작 마지막 28초밖에 되지 않는 거죠. 그럼 한 인간의 일생은 우주달력에서 얼마만 한 시간일까요? 100세까지 산다 해도 불과 0.23초입니다. 우주의 눈으로 보면 우리 인생은 정말 눈 한 번 깜짝할 '찰나의 순간'입니다.

초기 호모 사피엔스(좌)와 네안데르탈인(우)

갈수록 빨라지는 변화의 속도

지구와 그 생명체들은 숱한 변화를 겪었습니다. 변화의 속도는 처음엔 더뎠지만 갈수록 빨라졌습니다. 우주달력을 다시 볼까요?

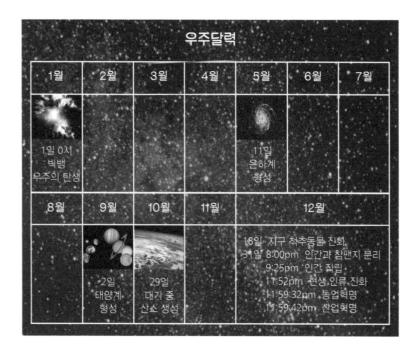

지구가 탄생한 건 지금으로부터 약 45억 년 전. 그러니까 우주가 만들어지고 93억 년이 흐른 시점입니다. 하지만 지구에서 생명의 역사가 시작되기까지는 다시 오랜 세월이 필요했습니다. 지구 생태계 형성의 폭발점이라고 할 다세포 생물이 출현하기까지는 35억 년이라는 긴 세월을 기다려야 했습니다. 지금으로부터 10억 년 전의 일입니다. 이후 생명의 진화 또는 분화 속도가 빨라졌다고 할 수 있는데요. 육상 동물 출현까지 5억 년. 포유류 출현까지 2억 5천만 년이 걸렸습니다. 포유류의 지난 역사 2억 5천만 년에서 생물학 분류상 사람과 같은 '과'에 속하는 유인원이 등장한 것은 불과 1천만 년 전입니다. 45억 년 지구 역사에서 보면 아주 짧은 기간이죠. 그 1천만 년의 맨 끄트머리인 20만 년 전에 현생 인류인 호모 사피엔스가 탄생했습니다.

인류가 지구에서 지배종의 지위에 오른 건 문명을 일구기 시작하면서입니다. 대략 1만 2천 년 전. 농사짓는 법을 알게 된 것이 계기였습니다. 농업혁명입니다. 이때부터 인류는 오랜 수렵 채집 생활을 벗어나 한곳에 정착하면서 집과 도로, 성 같은 생활 기반 시설들을 만들기 시작했죠.

이후 세상의 변화 속도가 더 빨라지기 시작했습니다. 코페르니쿠스의 지동설로 과학혁명이 시작된 것이 500년 전. 증기기관의 등장으로 산업혁명의 물꼬가 터진 것이 250년 전입니다. 이후 100년 사이에 철도, 자동차, 석유, 전기 등이 잇따라 등장하면서 산업혁명에 더욱 불을 지폈습니다. 산업혁명은 세상이 변화하는 속도를 '더하기'에서 '곱하기'로 바꿔 놓았습니다.

기술 발전으로 물자가 풍부해지면서 인구도 기하급수적으로 늘었습니다. 지난 200여 년 사이에 세계 인구는 약 8배가 되었

100년 전 프랑스 화가들이 상상한 2000년의 모습

습니다. 1810년대 초반 10억 명이던 세계 인구는 지금 77억을 넘어섰습니다. 처음 10억에서 20억이 되는 데 한 세기 남짓 걸린 것이 30억이 되는 데 32년, 40억이 되는 데 15년 걸렸죠. 지금은 12년에 10억 명꼴로 세계 인구가 늘고 있답니다.

20세기 초반 프랑스에서 활동하던 화가들이 100년 후인 2000년 세상이 어떤 모습일지 상상한 그림들을 그렸습니다. 나름대로 최고의 상상력을 발휘해서 그렸지만, 지금의 현실과는 많이 다릅니다. 예컨대 대형 벽거울로 상대방을 보면서 메가폰으로 말하는 화상 통화, 빗자루를 장착하고 청소하는 청소 기계, 비행 날개를 타고 이층집에 배달하는 우체부 등이죠. 지금의 이메일이나 스마트폰, 로봇청소기 등은 당시 사람들의 상상력 바깥에 있었던 셈입니다. 그만큼이나 20세기의 변화 속도는 이전과 비교가 되지 않았습니다.

21세기 디지털 기술이 준 충격

20세기 후반에 디지털 기술이 등장하면서 변화의 속도는 더욱 빨라졌습니다. 디지털은 산업 시대를 가르는 새로운 기준이 되었고, 이전 시대의 기술은 '아날로그'라는 구식으로 몰리게 되었습니다. 21세기에 들어선 지 이제 고작 20여 년이지만, 지난 10여 년 사이에 우리의 모든 생활은 모바일 기기를 중심으로 바뀌었습니다. 이 짧은 기간 동안 디지털 기술은 적어도 우리에게 두 번의 충격을 주었죠.

하나는 스마트폰의 출현입니다. 2007년 미국 애플사가 출시한 아이폰이 2년 뒤 한국에서 판매를 시작했을 때만 해도 두려움을 느낀 사람들이 많았습니다. 익숙하지 않거나 알지 못하는 기술에 대한 거부감 때문입니다. 하지만 아이폰은 출시되자마자 세상을 바꿔 버렸습니다. 데이터 요금 걱정 없이 인터넷 접속을 할 수 있게 한 전략이 먹혀들었습니다. 세상은 단숨에 모바일 시대로 넘어갔습니다.

다른 하나는 알파고(AlphaGo)의 등장입니다. 2016년 3월, 한국 바둑계의 대표 격인 이세돌 9단을 가볍게 제친 인공지능(AI) 앞에서 사람들은 환호와 공포를 동시에 느꼈습니다. 이제 기계가 인간을 능가하는 시대가 왔다고 생각한 것이죠.

새롭게 등장하는 기술은 S자 곡선을 그리며 발전한다고 합니다. 처음엔 알아차리지 못할 만큼 발전 속도가 더딥니다(태동기). 이 과정에서 빛을 보지 못하고 탈락하는 기술도 있죠. 하지만 기술력이 점점 쌓이면서 어느 순간부터 가파른 성장 곡선을 그립니다(성장기). 제임스 와트의 증기기관이 등장해 산업혁명의 물꼬를 트기까지는 약 100년에 걸쳐 증기기관 기술이 축적되는 과정이 있었습니다. 신기술이 사회 전반에 퍼지면 성장 곡선이 완만해집니다(성숙기). 한 기술의 성숙기는 다음 신기술을 준비하는 시간이기도 합니다.

우리는 곳곳에서 기술 성장기의 현상들을 목격하고 있습니다. 변화의 시대에는 옛것을 두루 익히는 노력보다는 혁신의 가치가 더 중요해집니다. 세계적 베스트셀러 《호모 사피엔스》의 저자인 역사학자 유발 하라리는 기술 변화의 흐름을 이렇게 설명합니다.

"과거엔 부모가 농사짓는 법, 비단 짜는 법, 읽고 쓰는 법을 가르치면 이것으로 자식들도 살아갈 수 있었다. 하지만 지금은 부모의 생존 기술이 자식에게도 유효하리라고 장담할 수 없다. 기술 변화 속도가 너무 빨라서 인류 역사상 처음으로 30년 후의 직업이 어떤 모습일지 모르는 시대를 맞았다."

컴퓨터 칩의 성능이 2년마다 두 배씩 증가한다는 '무어의 법칙'은 현대의 급격한 기술 혁신 속도를 상징합니다. 기술은 기술에서 그치지 않습니다. 제품을 바꾸고, 생활을 바꾸고, 그리고 세상을 바꿉니다.

100년마다 몰아친 산업혁명의 물결

알파고 충격이 한국 땅을 휩쓸고 지나기 두 달 전, 알프스산맥을 끼고 있는 스위스의 다보스라는 휴양지에서 세계경제포럼

(WEF)이라는 이름의 회의가 열렸습니다. 전 세계의 유력 기업가, 정치인, 분야별 전문가들이 매년 한 번씩 모여 세계의 현안을 논의하는 행사입니다. 그해의 토론 주제가 바로 '4차 산업혁명(4th Industrial Revolution)'이었습니다. 알파고에 놀란 사람들은 4차 산업혁명이라는 말에 솔깃해졌죠.

이 모임의 회장인 클라우스 슈밥은 4차 산업혁명을 "디지털 혁명을 기반으로 다양한 과학기술을 융합한 것"이라고 정의합니다. 말이 좀 어렵게 들릴 수 있는데요. 4차 산업혁명 기술이 지향하는 미래 세상의 한 풍경을 보면 얼개를 짐작할 수 있습니다.

'자동차 운전, 항공기 조종 면허증은 구시대 유물이다. 가고 싶은 곳이 있으면 자동차나 항공 택시를 앱으로 불러 타기만 하면 된다. 더럽고 힘든 집안일은 로봇이 대신해 준다. 로봇이나 기계를 작동할 때도 굳이 말을 하거나 손을 까딱할 필요가 없다. 생각만으로도 기계를 껐다 켰다 할 수 있기 때문이다. 집에서 필요한 물건도 웬만한 건 쇼핑할 필요 없이 즉석에서 3D 프린터로 만들어 쓴다. 외국어를 할 줄 모르더라도 만능 통역기가 있어 걱정이 없다. 해외 전문가나 친구와 어려움 없이 화상 대화를 할 수 있다. 쓸모가 다한 물건은 어떻게 버릴까? 생분해기가 있으니 이것 역시 걱정 끝이다. 루브르박물관의 명화, 아프리카 초원의 동물, 서울월드컵경기장의 축구 경기도 집에서 생생하게 입체 영상으로 볼 수 있다.

하지만 이 편리하고 좋은 세상도 오장육부에 병이 들면 모두 '그림의 떡' 아닌가? 걱정도 팔자다. 내 몸에서 떼어 낸 줄기세포를 배양해 만든 장기로 교체하면 된다. 이것이야말로 신세계 아닌가?'

지금이 4차 산업혁명이라면 이전의 세 차례 산업혁명은 언제 어떻게 진행되었을까요? 최초의 산업혁명은 18세기 후반 영국에서 증기기관 발명과 철도 건설을 계기로 시작되었습니다. 증기

1830년대 증기기관차

산업화 이후 과학기술의 변화

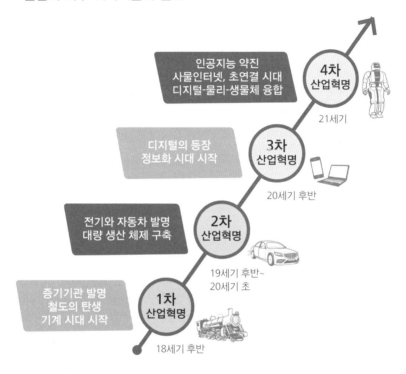

기관을 동력으로 한 방적기는 기계 생산 시대를 열었습니다.

100년 후인 19세기 후반에 또 한 번 커다란 기술적 변화가 일어났습니다. 전기가 발명되어 증기를 대신한 새로운 동력원으로 등장했습니다. 공장엔 분업형 생산 조립 시스템(컨베이어 벨트)이 도입되었습니다. 공장 노동자들이 벨트 앞에 죽 늘어앉아 각자에게 주어진 작업을 재빨리 처리하고 다음 사람에게 넘기는 방식입니다. 매일 똑같은 일을 반복하기에 작업 속도가 빠르고 정확도가 높았습니다. 대량 생산이 가능해진 것이죠. 이것이 2차 산업혁명입니다.

지난 20세기 후반에 또 다른 변화가 일어납니다. 이번엔 컴퓨터가 주인공입니다. 컴퓨터는 자동화 시대를 열었고, 디지털은 이제까지 없던 온라인 세상을 펼쳤습니다. 3차 산업혁명입니다. 1차에서 3차 산업혁명까지 기술 혁신 주기는 대략 100년 간격으로 진행되었습니다.

디지털 혁신은 계속되고 있습니다. 미래학자 제레미 리프킨은 3차 산업혁명이 지금도 진행 중이라고 말합니다. 디지털이 그 잠재력을 아직 다 쏟아내지 못했다는 것이죠.

그럼에도 지금 네 번째 혁명을 이야기하는 이유는 무엇일까요? 디지털을 중심에 두고 새로운 흐름이 형성되고 있기 때문입니다. 서로 다른 분야의 사물과 기술이 융합하는 현상이 벌어지고 있습니다. 디지털을 매개로 현실과 가상 세계가, 온라인과 오프라인이, 인간과 기계가 융합해 가고 있습니다.

4차 산업혁명을 이끄는 기술들

4차 산업혁명이라는 거대한 변화 물결을 이끄는 기술은 무엇일까요? 인공지능과 사물인터넷(IoT), 3D 프린팅, 자율주행차, 그리고 생명과학기술(바이오테크놀로지)을 우선 꼽을 수 있습니다. 이 다섯 가지는 앞으로 우리 산업과 사회 전반에 두루 큰 영향을 끼칠 기술입니다. 이처럼 여러 분야에서 다양한 용도로 널리 쓰이는 기술을 범용기술이라고 하죠.

마침 이들 기술 부문에서 앞서거니 뒤서거니 하며 혁신의 성과가 쏟아져 나왔습니다. 2007년 아이폰 등장을 계기로 봇물 터지듯 쏟아져 나온 스마트폰이 물꼬를 텄습니다. 스마트폰은 2010년대로 들어서면서 모바일 기기를 중심으로 지구촌 전체를 네트워크 안으로 끌어들였습니다. 이에 힘입어 2005년 10억 명이던 인터넷 이용 인구는 2018년 40억 명으로 4배나 늘어났죠.

그동안 일부 소수 그룹에서만 취급하던 3D 프린팅은 2009년 압출적층조형(FDM) 방식의 특허가 만료되면서 개인용 3D 프린터 시대를 열었습니다. 같은 해 자동차 부문에서는 구글이 자율주행차 연구개발팀을 출범시켰습니다. 이는 곧바로 자율주행차 개발에 대한 뜨거운 관심으로 이어졌죠.

2012년에는 딥러닝 기술이 등장해 인공지능의 수준을 한 단계 높였습니다. 캐나다 토론토대학의 제프리 힌튼 교수 팀이 컴퓨터의 이미지 인식 정확도를 획기적으로 높인 'CNN'이라는 이름의 인공신경망을 발표해. 딥러닝 붐을 일으켰습니다.

같은 해 생명과학에서도 기념비적인 혁신이 이루어졌습니다.

'크리스퍼-카스나인'이라는 3세대 유전자가위가 탄생한 것이죠. 이 획기적인 기술을 누가 먼저 개발했는지를 두고 개발자들 사이에 소송이 이어질 정도로 경쟁이 치열했습니다.

이런 혁신 기술들이 쏟아져 나오자, 사람들은 아직 실체는 잘 모르지만 세상이 엄청나게 바뀔 거라는 생각을 하게 되었습니다. 그런 마음을 붙잡은 것이 바로 '4차 산업혁명'이라는 화두입니다.

지금 가장 뜨거운 관심을 받고 있는 부문은 인공지능입니다. 1차 산업혁명이 '노동하는 도구', 즉 기계를 만들어 냈다면 4차 산업혁명은 '생각하는 도구', 즉 인공지능을 만들어 내고 있습니다. 스마트폰, 소셜미디어, 음성 인식 스피커에서 보듯 인공지능

은 이미 우리 생활에 깊숙이 들어와 있습니다.

인공지능이 두뇌라면. 사물인터넷은 혈관에 비유할 수 있습니다. 사람은 물론 물건까지도 인터넷 네트워크로 연결되어 있습니다. 사물에 부착된 센서가 보내는 정보들은 지금까지와는 차원이 다른 빅데이터 세상을 열어 갑니다.

재료를 깎거나 다듬지 않고 층층이 쌓는 3D 프린팅. 사람이 개입하지 않아도 스스로 알아서 목적지까지 데려다주는 자율주행차. 유전자를 자르고 붙여 병들고 부실한 몸을 고쳐 주거나 더 강하게 해 주는 생명과학기술은 4차 산업혁명을 구성하는 신체의 각 부위에 비유할 수 있습니다.

변화의 방향을 결정하는 것은?

그러나 4차 산업혁명이라는 물결이 과연 세상을 어떻게 바꿔 놓을지는 아무도 장담할 수 없습니다. '아마라의 법칙'이란 게 있습니다. 기술의 단기적 효과는 과대평가하면서 장기적 효과는 과소평가하는 경향을 가리킵니다. 신기술에 대한 기대와 현실 사이에 간극이 크다는 말인데요. 아마라 법칙의 예로 자주 드는 것이 GPS(위성 위치 확인 시스템)입니다. 위성을 쏘아 올려 위치 정보를 파악하는 이 시스템은 원래 전 세계로 파견된 미군에게 군용 물자를 제때 정확하게 보내려는 목적에서 연구 개발이 시작되었습니다. 당시로선 과감한 발상이었죠. 그러나 이 기술은 10년이 훌쩍 넘은 1990년대가 되어서야 처음 실전에 사용되었습니다. 30년이 흐른 오늘날 GPS는 사람들의 일상 속에 깊숙이 들어와 있습니다. 내비게이션이 바로 GPS를 이용한 장치입니다.

인공지능이나 3D 프린팅도 아마라의 법칙에 해당하는 예가 될 수 있습니다. 음성 인식 기술을 담은 인공지능 스피커는 엄청난 기대를 한 몸에 받고 있는 제품입니다. 2014년 아마존의 에코가 처음으로 출시된 이후 4년 만에 인공지능 스피커 시장은 전 세계 1억 대를 돌파했고, 2019년 말 한국에서도 800만 대에 이르는 수준으로 성장했습니다. 놀라운 확산력입니다. 그러나 아직까지는 사람들의 기대를 채우지 못하고 있습니다. 음악 청취를 비롯

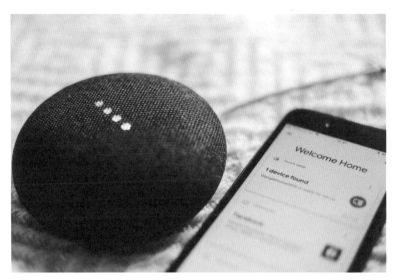

인공지능 스피커

한 비교적 단순한 기능에 머물고 있고. 인식 오류도 여전해서 미흡하다는 얘기를 많이 듣습니다. 3D 프린팅 역시 확산 속도와 만족도는 아직 기대에 못 미칩니다. 단기적 과대평가의 사례라고 할 수 있습니다.

혁신 기술이 당장 세상을 어떻게 바꿀지에 대해 지레 겁부터 먹는 것은 지나친 걱정입니다. 다가올 변화에 대비할 시간은 충분합니다. 4차 산업혁명도 예외는 아닐 것입니다. 혁신 기술이 사회에 뿌리내리려면 제도와 관습. 그리고 심리적인 장벽을 넘어야 합니다. 혁신 기술은 지금과 전혀 다른 세상을 꿈꾸지만. 세상에 수용되는 과정에서 변화의 속도와 방향은 얼마든지 조절될 수 있습니다.

21세기 들어 인터넷이 급속히 확산되면서 사람들은 종이 산업이 곧 망할 것처럼 이야기했습니다. 하지만 오늘날에도 종이 산업은 건재합니다. 세상에는 빨리 변하는 것도 있지만 느리게 변하는 것도, 거의 변하지 않는 것도 있습니다.

변화하는 기술이 만드는 세상이 더 나은 세상이라고 장담할 수도 없습니다. 기술을 어디에 어떻게 쓰느냐에 따라 세상은 얼마든지 달라질 수 있으니까요. 그 열쇠는 오늘을 살아가는 우리가 쥐고 있습니다.

아는 것이 힘이라는 말이 있죠? 인공지능에 관해 많이 아는 사람일수록 인공지능을 긍정적으로 생각하는 경향이 있습니다. 알파고에서 느꼈던 충격은 알지 못하는 것에 대한 막연한 두려움에서 비롯된 것일지도 모릅니다. 4차 산업혁명이라는 말을 두고 4차가 맞니 안 맞니, 혁명이니 아니니 말이 많습니다. 하지만 그런 구분이 중요한 건 아닙니다. 정말로 중요한 것은 변화의 방향을 파악하는 것입니다. 그래야 나와 우리 사회, 인류의 좀 더 나은 미래를 만들어 가는 방법을 찾을 수 있을 테니까요. 변화의 흐름과 실체를 명확히 들여다보아야 하는 이유입니다.

그럼 어떤 혁신 기술이 우리의 미래 생활로 파고들 채비를 하고 있는지 살펴볼까요?

인류의 자존심에 상처를 줄 네 번째 사건은?

독특하고 유쾌한 지식들을 담은 《베르나르 베르베르의 상상력 사전》을 펼치면 '인류의 자존심을 상하게 한 세 가지 사건'이라는 항목이 나옵니다. 우쭐대기만 하던 인간의 실체를 깨닫게 한다는 의미에서 이런 표현을 쓴 것이겠죠. 하지만 다른 면에서 보면 이 사건들은 인류에게 새로운 인식의 지평을 열어 준 선물이었습니다.

니콜라우스 코페르니쿠스

첫째는 니콜라우스 코페르니쿠스의 지동설(1543년)입니다. 지동설은 지구가 우주의 중심이라는 절대 믿음을 산산조각냈죠. 그는 지구가 우주의 중심이 아니라 태양의 둘레를 돌고 있으며, 태양도 더 거대한 어떤 체계의 주변에 있다고 주장했습니다.

둘째는 찰스 다윈의 진화론(1859년)입니다. 진화론은 세상의 만물은 신이 만들어 낸 창조물이며, 인간은 태초부터 다른 생물보다 우월한 종으로 만들어졌다는 생각을 뒤흔들었죠. 진화론을 계기로 인간은 지구촌 동물 세계의 일원으로 편입되었습니다.

셋째는 지그문트 프로이트의 정신분석학입니다. 1900년에 출간한 《꿈의 해석》을 통해 프로이트는 이성적이고 합리적인 인간의 내면에 숨어 있는 무의식의 세계를 밝혀냈습니다. 이를 계기로 인간의 마음을 이해하는 새로운 눈을 갖게 되었죠.

찰스 다윈을 그린 풍자화

모두 16세기에 시작된 과학혁명의 성과들이라고 볼 수 있는데요. 당시 사람들은 이들 주장에 담긴 충격적인 내용에 한동안 혼란에 빠졌고, 그 발견을 인정하려 하지 않았습니다. 코페르니쿠스의 주장이 나오고 90년이 흐른 뒤 갈릴레오 갈릴레이는 천문 관측 데이터를 토대로 다시 지동설을 주장했다가 종교재판을 받았죠. 새로운 지식이 인류의 자산으로 받아들여지기까지는 상당한 세월이 필요했습니다. 우여곡절을 겪고 나서야 인류는 새로운 진리를 받아들였습니다. 그리고 그동안 단절된 것처럼 보였던 우주와 인간과 생물이 하나의 체계를 이루고 있음을 깨달았죠.

우주와 생명의 실체에 접근하려는 인류의 지적 도전은 지금도 끊임없이 이어지고 있습니다. 그럼 미래의 인류에게는 어떤 지적 충격이 기다리고 있을까요? 외계 생명체 확인일까요? 사람의 마음을 가진 인공지능의 탄생일까요? 영원히 살 수 있는 유전자 코드를 발견하는 것일까요?

거대한 질문에 대한 답변을 찾아가는 과정에서 인류의 자존심은 네 번째 상처를 입을지도 모르겠습니다. 하지만 더 넓어진 인식의 지평은 우주와 자연과 인간의 또 다른 연결고리를 찾아내 인류가 지속 가능한 미래로 나아가는 이정표를 찾게 도울 것입니다.

지그문트 프로이트

산업혁명과 세계화

어느 위치에서 사물을 보느냐에 따라 모양이 달리 보이는 경우가 많습니다. 역사도 마찬가지입니다. 어떤 관점에서 보느냐에 따라 시대의 의미가 달라지죠. 독일 철학자 헤겔은 역사를 이성의 실현, 자유의 전개 과정으로 보았습니다. 유발 하라리는 세계사를 인류의 지구 지배력 강화 과정으로 봅니다. 지금을 4차 산업혁명기라고 하는 건 역사를 기술 혁신의 관점에서 보는 것이죠.

역사를 세계화의 확산 과정으로 볼 수도 있습니다. 세계화란 생산과 소비, 즉 경제 활동 공간이 확대되는 것을 말합니다. 산업혁명과 세계화는 동전의 양면과 같은 관계입니다. 기술 발전과 함께 인간의 활동 영역도 넓어졌기 때문입니다. 2016년에 4차 산업혁명을 얘기했던 세계경제포럼이 3년 후인 2019년에 '세계화 4.0'을 선언한 것도 이 때문입니다.

인류는 세계화에 앞서 지구의 인간화와 현지화라는 예비 단계를 거쳤습니다. 선수가 경기를 시작하기 전 준비 운동을 하는 것과 같습니다. 인간화란 지구 전역을 자신의 터전으로 만든 것을 말합니다. 수만 년 전 기후 변화로 먹을 것이 부족해지자 식량을 찾아 아프리카를 떠나 세계 각지로 퍼져 나간 것을 가리킵니다. 현지화란 그중에서 몇 개의 거점을 중심으로 인류가 번성하기 시작한 것을 말합니다. 이는 기원전 1만 년 무렵 농업혁명과 함께 시작되었습니다. 농사를 지으며 한곳에서 일생을 보내게 되어 생긴 일이죠. 그 중심지에서 탄생한 것이 이집트, 메소포타미아, 인더스, 황하 같은 고대 문명입니다.

 **세계화 1.0** 18세기 말 산업혁명과 더불어 인류는 본격적인 세계화의 길로 들어섰습니다. 증기기관 덕택에 사람들은 물품을 싸게 먼 거리까지 운송할 수 있게 되었습니다. 무역이 활발해졌습니다. 하나의 경제권에 묶여 있던 생산과 소비 지역이 분리되기

시작했습니다. 잘나가는 나라들은 더 큰 부를 쌓기 위해 식민지 침탈에 나섰습니다. 제국주의 열강의 약육강식 시대가 열렸습니다. 국가가 주도한 무자비한 세계화는 결국 두 차례의 세계 전쟁을 불러왔습니다.

 **세계화 2.0** 제2차 세계대전이 끝나고 인류는 세계 전쟁 같은 파국을 막기 위해 세계화를 관리하는 기구를 만들었죠. 유엔(UN)과 세계은행(IBRD), 세계통화기금(IMF), 국제노동기구(ILO) 같은 국제기구가 이때 등장했습니다. 국제기구들은 효율과 공정이라는 상반된 가치가 정면충돌하지 않도록 국제 규범을 만들어 갔습니다.

 **세계화 3.0** 고도성장의 결과, 세계화의 주도권은 덩치가 커진 기업들의 손으로 넘어갔습니다. 선진국 기업들은 임금이 싼 개발도상국으로 공장을 옮겼습니다. 덩달아 생산 과정도 분화되기 시작했습니다. 완제품과 부품을 생산하는 공장이 나눠진 것이죠. 핵심 부품 생산은 본국에서, 가공 조립은 개발도상국에서 맡는 국제 분업입니다. 정보통신 기술 발달로 국경 장벽이 무의미해지자 다국적 기업들은 더욱 번창했습니다.

 세계화 4.0 모든 것이 디지털화하는 4차 산업혁명은 세계화에 질적인 변화를 꾀하고 있습니다. 사람의 몸과 노동을 분리시키는 것입니다. 디지털 네트워크 덕분에 몸이 직접 움직이지 않아도 인터넷을 통해 전 세계 어느 곳의 일도 처리할 수 있게 되었습니다. 세계화가 블루칼라(생산직)에서 화이트칼라(사무직), 골드칼라(전문직)로 확대되고 있습니다. 지금까지의 세계화와 구별되는 '가상 세계화'의 탄생입니다.

2

생각하는 도구를 갖는다

인공지능

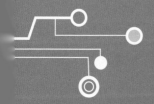

"미래는 이미 여기에 있다.
단지 널리 퍼지지 않았을 뿐이다."
_윌리엄 깁슨(SF 작가)

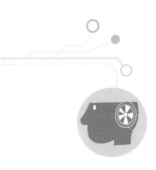

11분 38초 만에 전 좌석 매진!

2018년 9월, 미국의 한 잡지에 흥미로운 제목의 기사가 떴습니다. 혹시 아이돌 공연 예매 기록일까요? 놀랍게도 석 달 뒤에 미국 캘리포니아에서 열리게 될 인공지능 학술회의의 입장권 판매 기록입니다. 좌석 수는 2,400석이었습니다. 인공지능에 대한 열기가 어느 정도인지를 잘 보여 주는 사례라 할 수 있겠죠.

우리는 이미 인공지능 세상에서 살고 있습니다. 키워드만 치면 알아서 찾아 주는 검색엔진, 1년 전 이맘때 사진을 들추어 추억을 되살려 주는 소셜미디어 서비스, 컴퓨터나 스마트폰 화면에 뜨는 추천 상품 등은 모두 인공지능이 하는 일들입니다. 스마트폰에 있는 인공지능 기능만 보더라도 패턴 인식, 얼굴 인식, 음성 인식, 지문 인식, 홍채 인식에서 길 안내, 번역, 맛집 추천에 이르기까지 매우 다양합니다.

도대체 지능이란 뭘까요? 설득력 있는 설명 가운데 하나는 '문제를 푸는 능력'입니다. 문제를 푸는 데에는 계산하는 능력, 논리를 세우는 능력, 공간을 지각하는 능력 등 다양한 능력이 필요합니다. 미국의 과학기술 사상가 케빈 켈리는 사람한테는 대략 100가지가 넘는 유형의 지능이 함께 묶여 있다고 말합니다.

지능이 문제를 푸는 능력이라면, 인공지능은 문제를 푸는 능력을 갖춘 장치입니다. 풀어야 할 문제들은 단순한 사칙연산에서부터 진짜와 가짜를 구별하거나 눈과 비가 올 확률 계산에 이르기까지 헤아릴 수 없이 많죠. 컴퓨터 계산기는 인공지능의 원시 형태라고 할 수 있습니다.

컴퓨터가 인공지능 기계로 발돋움하기 시작한 건 학습 능력을 갖추면서부터죠. 기계가 학습한다고 해서 이를 '기계 학습(Machine Learning)'이라고 합니다. 처음엔 정답을 미리 주고 그 과정을 이끌어 내도록 유도하거나, 정답을 내려면 무엇 무엇을 학습하라고 일일이 가르쳐 주어야 했습니다. 그러다가 사람의 뇌 신경 구조를 본뜬 인공신경망 기술이 나오면서 인공지능의 실력이 한 단계 올리섰습니다. 이를 계기로 인공지능은 인간이 별도로 지식을 입력하지 않아도 데이터를 분석해 스스로 정답을 알아내는 능력을 갖추게 되었습니다. 학습 능력이 심화된 것인데, 이를 가리켜 '딥러닝(Deep Learning)'이라고 합니다.

기계가 생각을 할 수 있을까?

인공지능 개념이 처음 등장한 건 영국의 수학자 앨런 튜링이 1950년에 발표한 〈계산기계와 지능〉이라는 논문에서입니다. 이 논문은 '기계가 생각을 할 수 있을까?'라는 도발적인 질문으로 시작합니다. 튜링은 제2차 세계대전 당시 독일군 암호를 해독하는 기계를 만들어 큰 공을 세운 인물이죠. 그는 이 논문에서 인간과 기계를 구별하는 테스트를 제안했습니다. 인간과 기계가 같이 참여하는 시험에서 누가 인간이고 누가 기계인지 구분할 수 없다면, 기계도 지능을 가진 것으로 봐야 한다고 튜링은 주장했습니다.

그가 제안한 '튜링 테스트' 방식을 살펴볼까요? 먼저 기계와 인간을 각각 다른 방에 들여보냅니다. 그런 다음, 심판 역할을 할 사람이 칸막이 너머에서 이들과 컴퓨터 채팅으로 대화를 나눕니다. 대화가 끝난 뒤, 칸막이 너머의 상대방이 컴퓨터를 사람으로 잘못 알았으면 컴퓨터가 튜링 테스트를 통과한 것입니다. 튜링은 통과 기준을 '5분 동안 대화를 나눠 사람이라고 오인한 경우가 30%를 넘을 경우'로 제시했습니다. 컴퓨터가 사람을 흉내 낸다 해서 이 테스트를 '흉내 내기 게임(Imitation Game)'이라고도 합니다.

사람을 흉내 내는 기계는 큰 흥미를 끌었습니다. 그래서 개발자들은 인공지능과 인간의 대결을 추진했습니다. 초기의 인공지능은 사람의 상대가 되지 못했습니다. 그러다가 1997년 마침내

일을 내고야 말았습니다. 세계 체스 챔피언인 가리 카스파로프와의 대결에서 일진일퇴 공방 끝에 2승 3무 1패로 인공지능이 이겼습니다. 아이비엠(IBM)이 이 경기를 위해 특별히 제작한 슈퍼컴퓨터 딥블루는 매초 2억 개의 수를 계산하는 능력으로 카스파로프를 꺾었습니다.

2011년엔 미국의 퀴즈쇼 방송 프로그램에서 아이비엠이 슈퍼컴퓨터 왓슨으로 인긴 귀즈 챔피언들도 물리쳤습니다. 왓슨은 지금 의료, 금융, 미디어, 쇼핑 등 20여 개 업종에서 다양한 용도로 활용되고 있습니다.

알파고의 충격, 기대와 우려 사이

인공지능의 위력이 피부로 다가온 결정적 계기는 2016년 3월 이세돌 9단과 구글 자회사인 딥마인드의 인공지능 알파고가 벌인 세기적인 바둑 대결이었습니다. 다섯 번에 걸쳐 치러진 대국을 통해 인공지능은 사람들의 마음속으로 훅 들어왔습니다. 대국이 열리기 전까지만 해도 전문가들은 이세돌의 완승을 자신했습니다. 바둑에서 가능한 경우의 수는 무려 10의 170제곱에 이릅니다. 대회가 열리기 전까지만 해도 컴퓨터가 바둑에서 계산력으로 인간을 따라잡으려면 수십 년은 더 기다려야 할 거라고 말하

알파고와 이세돌 9단의 대국(한국기원 제공)

는 사람들이 많았죠.

하지만 뚜껑을 열어 본 결과는 정반대였습니다. 4대 1. 알파고의 완승이었습니다. 알파고는 지도 학습과 비지도 학습을 병행한 딥러닝 방식으로 인간의 바둑 기보를 보고 스스로 실력을 쌓았습니다. 이때의 알파고를 '알파고 리'라고 부릅니다. 2017년 5월. 알파고는 중국의 최강자인 커제 9단과 맞붙었죠. 이 대국 역시 3대 0 완승으로 끝났습니다. 이때의 알파고를 '알파고 마스터'라고 합니다.

2017년 10월. 알파고가 또 새 단장을 하고 나타났습니다. 그러고는 '알파고 리'를 3일 만에 100대 0으로 완파했죠. 72시간 동안 바둑 게임을 490만 번 연습하면서 쌓은 실력의 결과였습니다. 40일 뒤에는 '알파고 마스터'를 89대 11로 제압했습니다. 그 짧은 기간에 2,900만 판의 바둑을 혼자 두며 훈련한 결과입니다. 이 인공지능을 '알파고 제로'라 부릅니다. '알파고 제로'는 기보 학습도 하지 않았습니다. 기본 바둑 규칙만 가지고 저 혼자 연습 바둑을 두는 깃민으로 최고수 자리에 오른 것이죠. 게임에 이기면 보상 점수를 받는 방식으로 이기는 법을 익혀 나갔습니다. 주인의 지시를 잘 수행하면 먹이를 주는 강아지 훈련법과 같은 방식입니다. 이를 '강화 학습'이라고 합니다. 이후 딥마인드는 알파고의 바둑계 은퇴를 선언했습니다.

바둑에서 손을 뗀 알파고는 다른 영역으로도 손을 뻗쳤습니다. 일본 장기인 쇼기와 서양 장기인 체스에 도전한 것입니다. 바둑보다 간단한 쇼기와 체스 정복은 '알파 제로'에게는 식은 죽먹기나 다름없었습니다. 쇼기에서는 2시간 만에. 체스에서는 4시간 만에 세계 최강 자리에 올랐습니다. 그뿐인가요. 바둑의 신을 선언하고 은퇴한 '알파고 제로'마저 24시간 만에 물리쳤습니다. 2018년엔 단백질 3차원 구조 예측 경진대회에서 우승한 '알파폴드'. 그리고 2019년엔 스타크래프트2 게임에서 유럽 프로게이머들을 잇따라 물리친 '알파 스타'도 선보였습니다. 이제 특정한 영역을 넘어 여러 다양한 영역에 응용할 수 있는 수준까지 이른 셈입니다.

알파고의 진화사는 인공지능 역사에서 큰 의미가 있습니다. 무엇보다 방대한 양의 기보, 즉 빅데이터 없이 자율 학습만으로 최고 경지에 올랐다는 점입니다. 정상에 오르기까지 인간이 쌓은 지식의 도움을 받지 않았습니다. '붙이면 젖혀라', '젖히면 뻗어라' 같은 바둑 정석에 구애받지 않고 자기만의 바둑을 만들어 갔습니다. 이는 인공지능도 창의성을 갖출 수 있다는 걸 시사합니다. 딥마인드는 어디에서나 활용할 수 있는 '강한 인공지능'(일반 인공지능)의 가능성을 열었다고 평가됩니다.

알파고가 도전하지 않은 분야가 있죠. 서양의 카드 게임인 포커입니다. 포커에서는 다른 인공지능이 인간 최고수를 꺾었습니다. 포커 역시 카드 조합의 수가 10의 160제곱으로 방대합니다. 인공지능이 포커에서 인간을 꺾은 것에는 또 다른 의미가 있습니다. 바둑은 가로, 세로가 각각 19칸인 네모 바둑판 전체를 들여다보며 경기를 합니다. 상대방이 두는 수를 모두 볼 수 있는 거죠. 상대방이 다음엔 어디에 바둑돌을 놓을지 '경우의 수'를 분석해 대처하면 됩니다. 하지만 포커는 상대방 카드의 일부 정보만 알 수 있습니다. 블러핑(허세)이라는 속임수가 쓰이기도 합니다. 단순한 수 계산을 넘어 심리적 요인까지 고려해야 한다는 얘기입니다. 그런데 미국 카네기멜론공대가 개발한 인공지능 '리브라투스'가 이 벽을 넘었습니다. 2017년 1월 열린 포커 대회에서 세계 최고수 포커 선수 4명을 물리쳤죠. 불완전한 정보를 토대로 상대 방의 수를 추론하고 자신의 게임 전략을 짜는 데에서 인간을 능 가한 것입니다.

2019년 4월엔 오픈AI라는 회사의 인공지능이 온라인 컴퓨터 게임 '도타2'에서 인간 최고수를 꺾었습니다. 2018년 세계 대회 우승팀과의 대결에서 2대 0으로 완승한 것입니다. 이 게임은 5명이 한 팀을 이루어 하는 경기여서 선수끼리의 협력이 승리의 열쇠를 쥐고 있는데, 인공지능이 이 벽마저 넘은 것입니다.

곧이어 2019년 7월 인공지능이 또 하나의 기록을 추가했습니다. 카네기멜론공대와 페이스북이 공동 개발한 '플러리버스'라는 인공지능이 6인 포커에서 세계 최고 수준의 포커 선수 5명을 제압했습니다. '1대 1'이 아닌 '1대 여럿'의 경기에서 인공지능이 처음으로 이긴 것입니다.

인공지능의 실력이 막강해지자 한편에서는 우려하는 목소리도 커지고 있습니다. 과거의 컴퓨터는 처음부터 끝까지 인간이 설계한 프로그램대로 작동했습니다. 따라서 어떤 결과가 나올지 예측 가능했죠. 그러나 인공신경망 안에서 움직이는 인공지능은 그 안에서 어떤 알이 일어나는지 알기 어려워졌습니다. 복잡한 연결망 속에서 수많은 데이터들이 교차하면서 결과물을 만들어 내기 때문이죠. 이는 인공지능에 대한 불안과 불신을 싹 틔우는 근거가 됩니다. 그래서 최근에는 인공지능 안에서 무슨 일이 일어났는지

인공지능과 인간의 대결 역사

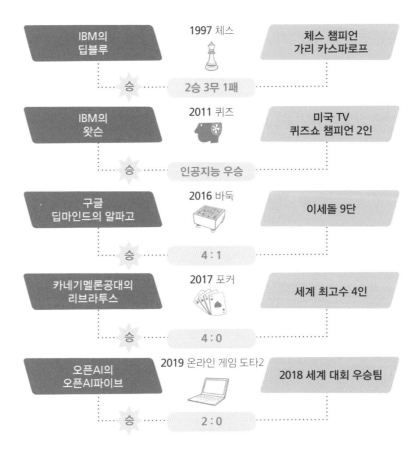

IBM의 딥블루	1997 체스	체스 챔피언 가리 카스파로프
승	2승 3무 1패	
IBM의 왓슨	2011 퀴즈	미국 TV 퀴즈쇼 챔피언 2인
승	인공지능 우승	
구글 딥마인드의 알파고	2016 바둑	이세돌 9단
승	4 : 1	
카네기멜론공대의 리브라투스	2017 포커	세계 최고수 4인
승	4 : 0	
오픈AI의 오픈AI파이브	2019 온라인 게임 도타2	2018 세계 대회 우승팀
승	2 : 0	

알 수 있는 '설명 가능한 인공지능(XAI)'을 개발하는 것이 새로운
과제로 떠오르고 있습니다. 인공지능을 인간의 통제 범위 안에
두기 위해서입니다.

산업혁명으로 등장한 기계들은 인간의 육체노동을 대신했습니다. 오늘날의 인공지능은 인간의 정신노동을 대신합니다. '생각하는 도구'입니다. 사람 대신 계산하고 분석하고 평가하고 추론하고 예측할 줄 압니다. 이런 도구를 활용하면 인간이 할 수 있는 일은 엄청나게 많아지겠죠? 그래서 인공지능 시대를 '제2의 기계 시대'로 부르기도 합니다. 지금의 디지털 기술이 인간의 정신 능력에 끼치는 영향력을 과거 증기기관이 인간의 신체 능력에 끼쳤던 영향과 비교한 표현입니다.

일하는 도구가 산업혁명을 일으켰다면, 생각하는 도구는 산업혁명을 성숙시킬 것입니다. 일의 기획과 시작에서 수행과 평가에 이르는 모든 과정에서 인공지능을 활용할 수 있을 테니까요. 그래서 인공지능은 4차 산업혁명의 핵심입니다.

인공지능의 미래, 과연 장밋빛일까?

인공지능은 이미 곳곳에서 사람을 대신하고 있습니다. 2016년 미국에서는 인공지능 변호사 '로스'가 정식으로 업무를 시작했습니다. 이 인공지능 변호사는 초당 1억 장의 문서를 훑어볼 수 있는 능력을 갖추었습니다. 자기가 맡은 사건에 적용할 판례들을 순식간에 찾아냅니다.

인공지능 샤오빙이 시의 영감을 얻기 위해 사용한 사진

기사를 쓰는 인공지능도 이젠 흔해졌습니다. 인공지능 기자는 지진 발생 현황이나 스포츠 경기 상황. 주식 거래 현황처럼 수치화할 수 있는 부문에서 인간보다 훨씬 빠르고 정확한 속보를 전해 줍니다.

인공지능은 예술 분야에서도 뛰어난 능력을 보여 주고 있습니다. 악기 연주는 물론 작곡을 하고, 소설과 시 그리고 영화 시나리오 집필도 합니다. 인공지능이 그린 그림이 경매에서 수억 원에 팔렸으며. 국제 로봇 미술 경진대회도 열렸습니다. 마이크로소프트 인공지능 '샤오빙'은 그림을 보고 시를 짓습니다. 옛

선비들이 정자에 앉아 풍경을 바라보며 시 한 수 읊는 과정을 흉내 낸 것이죠. 아이비엠의 인공지능 '프로젝트 디베이터'는 '우주 탐험에 보조금을 주어야 하는가'라는 주제를 놓고 이스라엘 토론 대회 우승자와 당당하게 토론 대결을 펼쳤습니다.

인공지능 기술 경쟁에 불이 붙은 건 딥러닝이 등장한 2010년 대 이후입니다. 세계지식재산기구(WIPO)의 집계를 보면, 2017년 한 해에 전 세계에서 출원한 인공지능 관련 기술 특허가 5만 5,660건에 이릅니다. 하루 평균 152건의 새로운 기술이 선보이고 있습니다. 10분에 하나꼴입니다.

그러나 인공지능의 뛰어난 능력을 마냥 반길 일만은 아닙니다. 유튜브에서는 인공지능을 활용한 합성 음란물 동영상이 등장해 사회 문제가 되곤 합니다. 누군가 내 얼굴을 음란물에 합성해 유포시키는 일은 생각만 해도 끔찍하지요. 유명 인사의 얼굴을 한 가짜 영상이 가짜 뉴스를 만들어 낸다면 사회는 큰 혼란에 빠질 수 있습니다. 이를 딥페이크(Deepfake) 기술이라고 합니다. 처음엔 동영상 자료를 몇 시간씩 가공해야 실제와 비슷한 영상을 만들었으나, 이제는 사진 한 장만 갖고도 동영상을 만들어 내는 수준까지 왔습니다. 흉내 내고 싶은 사람의 목소리와 말투는 물론 그 사람의 논리 구조까지도 실제처럼 재구성할 수 있습니다. 2022년이 되면 실제 정보보다 인공지능이 만든 허위 정보를 더 자주 만나게 될 거라는 예측이 나올 정도입니다.

러시아 연구진과 삼성전자가 공동으로 개발한 딥페이크 영상

딥페이크에 쓰이는 기술은 2014년 개발된 갠(GAN, 생성적 적대
신경망)이라는 이름의 인공지능입니다. 이 인공지능은 두 개의 인
공신경망으로 이뤄져 있죠. 하나는 데이터에 기반해 진짜와 비슷
한 이미지를 만들어 내는 '생성자'입니다. 다른 하나는 이 이미지
가 진짜인지 가짜인지를 가려내는 '식별자'입니다. 두 신경망이
내놓은 결과를 서로 주고받는 식으로 대결을 펼치면서 이미지 품
질을 높여 갑니다. 생성자는 위조지폐범, 식별자는 경찰관에 비
유할 수 있겠습니다.

　도시 건물과 거리 곳곳에 설치된 감시카메라(CCTV)는 사람들의 동작을 하루 24시간 기록합니다. 범죄를 예방하고 질서와 안전을 지키려는 목적으로 설치한 것이죠. 하지만 누군가 마음만 먹으면 사람들을 감시하는 데 이용할 수 있습니다. 특히 얼굴 인식, 보행 인식 같은 기술과 결합하면 사회 전체가 인공지능 감시망에 들어오게 될 수도 있습니다. 범죄 집단 손에 이런 감시망이 들어간다면 정말 끔찍한 사태가 일어날 수도 있습니다.

　영국 작가 조지 오웰이 1949년에 발표한 소설 《1984》에는 텔레스크린을 통해 사람들을 언제 어디서나 감시하는 빅브라더가 등장합니다. 음울한 미래 세상에 대한 예측이었죠. 그런데 빅브라더는 지금의 인공지능과 감시카메라 기술로도 얼마든지 현실이 될 수 있습니다.

그러나 모든 기술이 완벽하지는 않죠. 자칫하면 엉뚱한 사람을 범죄인으로 인식해 누명을 뒤집어씌울 수 있습니다. 그래서 한편에서는 얼굴 인식 기술을 금지하려는 움직임도 있습니다.

인공지능은 인간을 위협할까?

인공지능과 로봇은 SF 영화의 단골 소재입니다. 영화 속에서 인공지능과 로봇은 곧잘 인간을 위협하는 존재로 등장합니다. 〈터미네이터〉에서는 미래의 로봇이 현재의 인간을 공격하기 위해 시간을 거슬러 나타납니다. 〈매트릭스〉에서는 인공지능이 인간의 기억마저 조작합니다.

인공지능 능력이 점점 인간을 뛰어넘으면서 영화 속의 공포스러운 장면이 현실이 될 수 있다는 걱정이 커지고 있습니다. 영국의 천체 물리학자 스티븐 호킹은 생전에 "앞으로 100년 안에 인공지능이 인간을 따라잡을 것이며 인공지능의 발전은 인간의 멸종을 초래할 수 있다."고 경고했죠. 미국의 전기차 회사 테슬라와 우주 개발업체 스페이스엑스의 최고 경영자 일론 머스크는 "인공지능은 악마를 소환하는 것"이라며 그 위험성에 경각심을 갖자고 호소합니다.

이런 목소리들은 인공지능이 언젠가는 인간의 정신 능력을 뛰어넘을 수 있다는 생각에서 나옵니다. 이는 인간의 두뇌 또한 물리적 물체라는 관점입니다. 생물학적 두뇌와 컴퓨터를 같은 선상에 놓는 것이죠. 이렇게 계속해서 연구하다 보면 결국엔 뇌 안의 깊은 비밀인 작동 원리를 파악할 수 있다는 것입니다.

컴퓨터 과학자들은 그런 순간을 '특이점(singularity)'이라고 말합니다. 말하자면, 컴퓨터 빅뱅이 일어나는 순간입니다. 발명가 출신의 미래학자 레이 커즈와일은 과감하게 그 시기를 콕 집어 말하는데, 그에 따르면 1단계 빅뱅은 2029년에 일어난답니다. 이즈음에 인공지능이 튜링 테스트를 통과할 것이라는 예측입니다. 인공지능과 인간의 지능을 구별할 수 없게 된다는 얘기입니다. 그는 이후 컴퓨터 빅뱅이 완성되는 시점을 2045년으로 봅니다. 이때가 되면 인공지능은 모든 인류의 두뇌를 합친 것보다 뛰어난 초지능으로 발전한다는 것이죠.

그러나 이런 예측은 지나친 기술 맹신이라고 비판받기도 합니다. 특이점에 부정적인 사람들은 지능의 실체를 알 수 없는데, 어떻게 인간의 지능을 능가하는 장치를 만들 수 있느냐고 반문합니다. 이들은 특이점에 대한 믿음이야말로 '모르는 것을 안다'고 말하는 것이나 마찬가지인 모순이라고 냉소합니다.

특이점이 올 거라고 믿는 사람들도 그 시기에 대해서는 수십 년에서 수백 년, 또는 '알 수 없다'는 견해까지 편차가 무척 큽니다. 이런 예측이 나올 정도로 컴퓨터의 발전 속도가 빠르다는 정도로 받아들이면 될 듯합니다.

물리학자이자 인공지능 전문가인 미국 메사추세츠공대(MIT)의 맥스 테그마크 교수는 특이점이 온다면 이는 '지구 생명 역사의 제3단계'가 시작되는 거라고 말합니다. 1단계는 원시 생명체의 탄생. 2단계는 인간의 탄생. 3단계가 인공지능의 탄생이라는 거죠. 그만큼이나 인공지능이 인류 역사에서 갖는 의미가 크다는 걸 강조하려는 비유입니다.

인공지능을 다루는 원칙

인공지능은 능력에 따라 두 개의 그룹으로 나눌 수 있습니다. 바둑처럼 정해진 영역의 문제를 푸는 능력을 갖춘 '약한 인공지능'과, 어떤 영역의 문제든 풀어낼 수 있는 '강한 인공지능'입니다. 지금까지 개발된 인공지능들은 약한 인공지능에 속합니다. 그러나 바둑용으로 개발한 알파고의 알고리즘이 서양 장기인 체스와 일본 장기인 쇼기에서도 통한 것은 강한 인공지능이 현실화하고 있음을 말해 줍니다.

이런 능력을 갖춘 인공지능이 탈선을 하면 큰일이겠죠? 이를 대비해 미리부터 인공지능의 행동 규범을 만들 필요가 있습니다. 사람들은 오래전부터 이런 생각을 해 왔습니다. 과학적 상상력을 바탕으로 문학 작품을 쓰는 SF 작가들이 앞장섰습니다. 유명한 SF 작가인 아이작 아시모프는 1942년에 '로봇 3원칙'을 제시했는데, 이것은 지금도 로봇의 행동에 대한 보편적 기준으로 받아들여지고 있습니다.

1. 로봇은 인간에게 해를 입히는 행동을 하면 안 된다. 또한 인간이 해를 입는 상황에서 아무런 행동도 하지 않아서는 안 된다.
2. 로봇은 제1원칙에 위배되지 않는 범위에서 인간의 명령에 복종해야 한다.
3. 로봇은 제1원칙과 제2원칙에 위배되지 않는 범위에서 자신을 보호해야 한다.

아시모프는 나중에 제1원칙의 '인간(human being)'을 '인류(humanity)'로 수정했습니다. 그리고 이것이 다른 원칙에 우선하는 '제0의 원칙'이라고 덧붙였습니다. 로봇을 인간 개인이 아닌 인류 전체에 이로운 존재로 개발하자는 뜻입니다.

그러나 인공지능의 현실은 그렇지 않습니다. 인간을 위협하는 인공지능 무기가 속속 등장하고 있습니다. 무기를 장착한 드론(소형 무인 항공기)이 실제 전투에서 사용되고 있으며, 무인 잠수정과 무인 탱크도 등장했습니다. 러시아에서는 양손에 권총을 들고 표적에 정확히 사격하는 휴머노이드 로봇 '표도르' 동영상을 선보여 전 세계를 깜짝 놀라게 했습니다. 킬러 로봇이 자칫 오작동한다

경량 미사일이 장착된 소형 무인 항공기

면 엄청난 참사를 불러올 수도 있을 테니까요.

　인공지능의 잠재적 위험을 예고하는 또 다른 움직임도 있습니다. 미국에서는 인공지능을 신으로 섬기는 종교까지 만들어졌습니다. '미래의 길(Way of the Future)'이라는 이름의 단체입니다. 이들은 앞으로 사람보다 똑똑한 컴퓨터가 반드시 등장할 것이며, 그때가 되면 컴퓨터에 인간의 길을 묻겠다는 생각입니다.

　결국 인공지능의 위험을 둘러싼 논란은 인공지능을 연구 개발하고 이용하는 사람의 윤리 문제입니다. 이런 생각에 공감한 전문가들이 2017년 '이로운 인공지능 회의(Beneficial AI conference)'

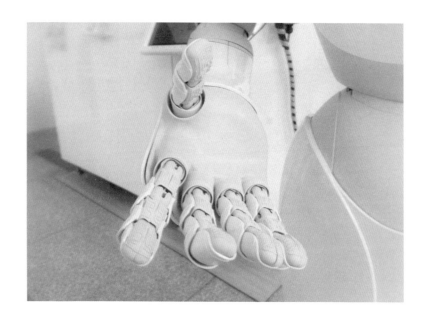

를 열었습니다. 이들은 회의가 끝나고 '인공지능 연구에 관한 23
가지 지침'을 발표했는데요. '아실로마 원칙'이라는 이름이 붙은
이 지침은 제1항에서 "인간에게 이로운 지능을 만들어야 한다."
고 선언합니다. 그리고 마지막 제23항은 "인공지능 시스템은 엄
격한 통제 절차를 따라야 하며, 한 국가나 조직이 아니라 모든 인
류의 이익을 위해서만 개발되어야 한다."고 맺습니다.

  인공지능 시대에도 그 작동 방식을 설계하고 명령 내리는 것
은 사람이라는 사실을 명심해야 합니다. 결정권은 여전히 사람에

게 있습니다. 인공지능의 실행력은 어떤 기계보다도 빠르고 강력합니다. 한순간 잘못 내려진 결정은 되돌릴 수 없는 치명적 결과를 가져올 수 있습니다. 이렇게 본다면 인간의 결정 권한은 이전보다 훨씬 중요해졌습니다.

인공지능 시대를 사는 인간의 가장 큰 덕목은 이런 권한을 올바로 행사하는 것입니다. 올바른 판단 능력으로 행동 규범을 만들고 실행해 나갈 때 인간과 인공지능의 공존이 시작됩니다. 그 첫 번째 작업은 인간성의 함양입니다. 인간에게는 자신을 성찰하는 능력과 다양하고 풍부한 정서가 있습니다. 이런 인간 본연의 특성이 인공지능 시대에도 흔들리지 않는 가치관과 윤리를 만들어 냅니다.

분석하고 추론하는 '딱딱한 지능'은 인공지능에 맡기고, 세상과 사람을 보듬어 품는 '부드러운 지능'을 갖추는 것이야말로 앞으로 다가올 시대를 살아가는 인간의 핵심 덕목이라 할 수 있습니다. 인간이 이런 덕목을 얼마나 갖추느냐에 따라 인공지능의 성패도 갈릴 것입니다.

한·미·일 대표 휴머노이드 로봇이 대결한다면?

'일하는 도구'인 기계와 '생각하는 도구'인 인공지능이 결합하면 무엇이 될까요? 바로 로봇입니다. 영화 속의 로봇들은 사람보다 뛰어난 분석과 동작 능력을 보여 줍니다. 하지만 막상 사람처럼 움직이는 로봇을 만들기는 매우 어렵습니다. 200여 개의 관절이 어우러지면서 만들어 내는 다양한 동작을 모방하는 게 쉬울 리는 없겠죠.

그럼에도 과학자들은 사람을 닮은 로봇을 만들려고 애씁니다. 왜일까요? 세상이 사람 중심으로 짜여 있기 때문입니다. 집이나 빌딩, 도로, 집기 등 우리가 사용하고 쓰는 모든 공간과 도구들은 사람을 위해, 사람이 쓰기 좋게 만들어졌습니다. 로봇이 사람을 대신할 수 있으려면 인간형 로봇(휴머노이드 로봇)이 필요합니다.

혼다의 아시모

최초의 인간형 2족 보행 로봇은 로봇 만화로 유명한 일본에서 탄생했습니다. 일본은 세계 최대 산업용 로봇 생산국이며, 대표 로봇은 아시모입니다. 아시모는 자동차 회사 혼다가 14년 동안 공을 들여 개발했습니다. 2000년에 아시모가 처음 등장했을 때, 그 깜찍한 모습에 많은 사람들이 탄성을 질렀죠. 키 130cm, 무게 48kg으로 어린이 몸집과 비슷해 더욱 귀여움을 받았습니다. 계단을 오르고 단순한 춤을 추는 등 사람 동작을 흉내 낼 줄도 알았습니다. 아시모는 음성 인식을 통한 문답 주고받기, 자기소개, 방문자 안내 등 주로 사람과의 소통에 중점을 둔 로봇입니다. 2010년대 초반까지 일곱 차례 아시모를 개량했던 혼다는 이후 주춤한 모습을 보이더니, 2018년부터 추가 개발보다는 지금까지의 기술을 실용화하는 쪽으로 방향을 바꿨습니다.

지금 대표적인 인간형 로봇은 미국의 보스턴다이내믹스가 만든 아틀라스입니다. 2013년에 처음 선보인 아틀라스는 키 150cm, 몸무게 75kg입니다. 처음엔 걷는 것도 힘들어했지만 지난 몇 년 사이에 놀라운 발전을 보이고 있습니다. 계단을 오르내리는 것은 물론 조깅도 할 줄 알고, 통나무 정도의 장애물은 거뜬히 건너뜁니다. 물건을 두 손으로 들

보스턴다이내믹스의 아틀라스
초기 모습

어 올리고 내려놓는 동작도 자연스러워졌습니다. 가장 흥미로운 것은 공중제비 돌기 묘기인데, 동작이 어느 운동선수 못지않습니다. 최근엔 파쿠르 동작까지 선보였습니다. 파쿠르는 도시에 세워진 인공물을 이용해 신속하게 이동하는 것을 말하죠. 한쪽 다리의 힘을 이용해 점프하며 계단식 구조물을 성큼성큼 올라갑니다. 하나씩 올라갈 때마다 팔을 뻗어 몸의 중심을 잡아 가며 오른쪽, 왼쪽으로 몸을 이동시키는 모습이 영락없는 사람입니다.

한국도 로봇 기술 선진국 가운데 하나입니다. 우리나라의 대표적인 인간형 로봇은 휴보입니다. 카이스트(한국과학기술원)가 2004년 개발했죠. 최초의 휴보는 키 120cm, 무게 55kg으로 아시모와 몸집이 비슷합니다. 그런데 휴보가 2015년 큰일을 해냈습니다. 세계 재난구조로봇 대회에서 우승을 차지한 것입니다. 이 대회는 미국 국방부 방위고등연구계획국(DARPA)이 2011년 일본 후쿠시마 원전 사고를 계기로 기획하고 주최했습니다.

로봇에게 주어진 과제는 차량 운전, 차량 하차, 문 열고 통과하기, 밸브 잠

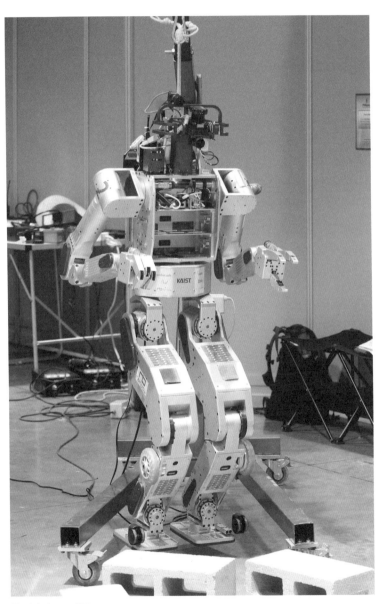

휴보(카이스트 제공)

그기, 벽에 구멍 뚫기, 장애물 치우기, 계단 오르기, 콘센트 꽂기 등 모두 8개였습니다. 60분 안에 무선 조종으로 가장 빠르고 가장 정확하게 과제를 수행한 로봇이 우승을 차지하는 방식이었습니다. 이 대회에서 휴보는 평지에서는 무릎을 접어 바퀴로 이동하고, 계단을 오를 때에는 두 발로 움직이는 방식을 택해 다른 로봇보다 빠르게 이동할 수 있었습니다. 일종의 변신 로봇 개념을 적용한 것입니다. 우승을 차지한 DRC휴보는 키 155cm, 무게 60kg으로 처음보다 덩치가 조금 커졌습니다.

세 나라의 대표 로봇을 모아 놓으면 각각 작업 로봇(미국), 소통 로봇(일본), 구조 로봇(한국)으로 구별할 수도 있겠습니다. 만약 세 로봇이 대결을 펼친다면 어떤 결과가 나올까요?

'로봇'이란 말이 등장한 지도 이제 100년이 되었습니다. 1920년 체코 작가의 희곡에 등장했던 첫 로봇은 인간의 일을 대신하다 반란을 일으켰죠. 하지만 아직까지 로봇의 능력은 이런 수준과는 거리가 멉니다. 아마도 물건 하역이나 배달 같은 단순한 업무에서 시작해 단계적으로 일하는 영역을 넓혀 가겠죠.

3

모든 것이 연결된다

사물인터넷

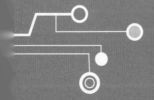

"수많은 색채들이 어울려 하나의 명작을 만들어 낸다."
_헤르만 헤세(소설가)

인간은 사회적 동물입니다. 개인 한 사람은 연약하지만, 서로 돕는 개인들은 강합니다. 협력을 통해 인류는 지구 생태계의 지배종이 되었습니다. 사회성의 기본 형태는 가족입니다. 다른 동물들에서도 이런 기본적 사회성은 찾아볼 수 있습니다. 인간은 여기서 그치지 않았습니다. 씨족, 부족, 민족 등으로 관계망을 넓혀 가며 지구 최상위의 생물종으로 자리 잡았습니다. 관계망이 넓어질 때마다 인간의 생존 능력도 그만큼 강해졌습니다.

관계망을 넓히는 데 핵심 역할을 한 것이 교통과 통신 수단입니다. 오랜 기간 수레와 마차에 머물러 있던 교통수단은 산업혁명 이후 기차, 자동차, 항공기가 차례로 등장하면서 빠르게 확대되었습니다. 그러나 지구 반대편까지 여행하거나 소식을 전하는 것은 여전히 만만치 않은 일이었습니다. 이런 시간을 단축할 수 있다면 남보다 더 좋은 기회를 잡거나 더 유리한 상황을 만들 수 있겠죠.

1990년대에 등장한 인터넷은 소통과 교류의 틀을 근본적으로 바꿔 놓았습니다. 인류는 인터넷 덕분에 언제 어디서나 소통할 수 있게 되었습니다. 세계 곳곳의 통신망을 연결함으로써 가능해진 일입니다.

선글라스에서 내비게이션에 이르기까지 오늘날 생활 편의 기술 중에는 애초 군사적 필요성에서 개발된 것들이 많습니다. 인터넷도 그 가운데 하나입니다. 군대는 신속하고 안전한 통신망을 생명처럼 여깁니다. 전쟁터에서 적에게 들키지 않고 아군끼리 신속하게 통신하는 것은 생명줄을 잡는 것이나 다름없죠. 빠르고 강력한 통신 네트워크는 상대방을 압도하는 주요 군사 전략이었

습니다. 1969년, 미군은 4개의 컴퓨터를 연결하는 최초의 통신 네트워크 '아파넷(ARPANET)'을 개발했습니다. 마침내 인터넷 기반 기술이 탄생한 것입니다.

오늘날의 '월드 와이드 웹(WWW=World Wide Web)'은 1991년에 등장했습니다. '월드 와이드 웹'은 전 세계를 거미줄처럼 연결한다는 뜻입니다. 등장한 지 30년이 채 안 되지만, 인터넷은 이 짧은 기간에 전 세계 사람들을 하나로 연결했습니다. 1993년 600개에 불과하던 웹사이트 수는 2018년 44억 개에 이르렀습니다. 데이터 전송 능력도 1~5세대를 거치며 깜짝 놀랄 만한 발전을 이루었습니다. 1초당 8메가 bps(1초에 전송할 수 있는 비트 수)에 불과하던 데이터 전송 속도가 5세대에선 1초당 20기가 bps로 무려 2,500배 빨라졌습니다.

인터넷은 사람들 사이의 소통과 정보 교류를 도우려는 목적에서 시작되었습니다. 그런데 우리가 알고 싶은 대상은 사람만이 아닙니다. 우리가 쓰는 물건과 시설이 잘 돌아가는지, 누가 그걸 얼마나 어떻게 쓰는지 같은 관련 정보도 알고 싶습니다. 그래서 이런 물건도 인터넷 네트워크에 연결해 가고 있습니다. 이를 사물인터넷이라고 부릅니다. 디지털 장치에 컴퓨터 칩을 넣을 수 있기에 가능한 일입니다. 컴퓨터는 물론 스마트폰, 냉장고, 텔레비전, 건강 기기, 자전거, 자동차, 항공기, 발전소, 공장, 병원 등 모든 기기와 시설이 연결 대상입니다. 사물인터넷은 인터넷 연결의 범위를 사람-사람에서 사람-기계. 기계-기계로 넓혀 줍니다. 사물인터넷을 통해 기기들은 살아 있는 정보 유기체가 됩니다.

　스마트홈 기기들과 자동차가 사물인터넷 성장의 주역인데요. 앞으로 세상의 거의 모든 사물이 인터넷으로 연결되는 만물 인터넷(Internet of Everything) 시대가 올 수도 있습니다.

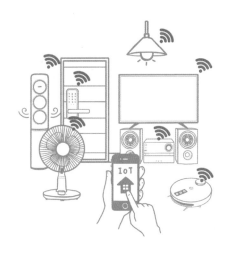

사람-사물-동물이 하나로 연결

　하지만 모든 것을 연결했다고 해서 사물인터넷이 완성된 건 아닙니다. 연결된 각각의 기기에서 쓸모 있는 데이터들을 만들어 내야 비로소 인터넷은 살아 숨 쉽니다. 기기에서 데이터를 만들

스마트폰으로 열고 잠그는 현관 시스템

어 내는 장치가 센서입니다. 센서는 주변 온도나 빛, 움직임, 소리 등을 감지해서 전기 신호로 바꿔 알려 주는 장치입니다. 주차장 입구의 자동 차단기, 집 현관의 자동 점멸등, 빌딩의 화재 감지기 등이 제 역할을 할 수 있는 건 센서 덕분입니다.

기기 사용 정보뿐 아니라 통신과 전원 장치까지 하나의 작은 칩에 담을 수 있을 만큼 소형화되고 있습니다. 덕분에 센서 보급 속도가 갈수록 빨라지고 있죠. 센서를 집어넣기가 간편해졌기 때문입니다. 온도나 위치, 냄새 감지 등 다양한 기능을 갖춘 센서들이 속속 나오고 있습니다. 센서가 급증하는 데에는 스마트폰

68

도 큰 역할을 했습니다. 아이폰이 처음 나온 2007년에는 아이폰용 센서 생산량이 1천만 개였으나, 2015년에는 150억 개로 늘었습니다. 스마트폰 하나에 장착되는 센서도 다양해지고 있습니다. 삼성의 갤럭시노트에 장착된 센서는 처음엔 5개에 불과했으나, 7년 뒤인 2018년 8월 출시된 갤럭시노트9에 내장된 센서는 11개로 늘었습니다. 2020년대 중반에는 1조 개가 넘는 센서가 네트워크로 연결되는 세상이 올 것으로 예측됩니다. 이를 '트릴리온(1조) 센서' 시대라고 부릅니다.

다양한 종류의 센서 덕분에 우리는 주변 환경을 자세하게 파악할 수 있습니다. 영화 〈아이언맨〉에서 인공지능 '자비스'가 훌륭한 비서 노릇을 할 수 있었던 건 모든 데이터에 접근할 수 있는 능력 덕분입니다. 그 데이터를 수집하는 것이 바로 센서입니다.

2020년대가 되면 사물인터넷은 또 한 번 변신을 시도할 것입니다. 2018년 8월, 국제우주정거장(ISS)에 대형 안테나가 설치되었습니다. 그런데 이 안테나는 지상 관제소가 아니라 동물들과 교신합니다. 정확하게 말하면, 동물의 몸에 부착된 송신기에서 보내는 정보를 받아 지상의 과학자들에게 전달해 줍니다. 이 특수 안테나는 야생 동물 행동을 추적하는 과학자들이 제작한 것입니다. 과학자들은 우주 통신을 활용해 전 세계 야생 동물을 추적할 수 있는 네트워크 '이카루스(ICARUS)'를 만들 계획입니다.

이카루스 시스템의 핵심은 각 송신기에 들어가는 센서들입니다. 센서의 종류는 다양합니다. 온도와 압력, 습도 센서는 물론 GPS 모듈, 가속도계, 자력계까지 있죠. 센서 하나의 무게는 5g에 불과합니다. 동물들이 무게를 거의 느끼지 못할 정도로 가볍습니다. 송신기에 내장된 센서들이 보내는 정보는 동물들의 이동 상황만이 아니라 해당 지역의 기후 변화, 외부 침입종의 번식, 전염병 확산 경로 등 다양한 내용을 파악할 수 있게 해 줍니다. 이카루스의 등장은 디지털 네트워크가 동물 세상에까지 확대되는 것을 뜻합니다. 동물인터넷이 자리 잡게 되면 사물인터넷에 이은 제3의 네트워크가 될 것입니다. 인간-사물-동물이 하나의 네트워크로 연결되는 새로운 세상이 오고 있습니다.

세계를 하나로 묶는 두 가지 방법

유엔은 2018년 12월을 기점으로 인터넷 사용자가 전 세계 인구의 절반을 넘어섰다고 발표했습니다. 인구수로 39억 명입니다. 인터넷이 등장하고 30년이 채 안 되어 이룩한 놀라운 성과입니다. 유엔은 2030년까지 전 세계의 성인을 모두 인터넷 네트워크에 편입시키려는 목표를 세웠습니다. 갈수록 정보의 힘이 중요해지는 세상에서 정보 격차를 줄이기 위해서입니다. 세계의 IT 대기업들도 2020년대 중반까지 독자적으로 세계 인터넷망을 구

축하려 하고 있습니다. 이런 계획은 크게 두 가지 방향에서 진행되고 있습니다.

첫째는 인터넷 기지국 역할을 할 풍선을 띄우는 방식입니다. 구글이 '프로젝트 룬(Project Loon)'이라는 이름으로 앞장서고 있습니다. 테니스 코트 크기만 한 폴리에틸렌 풍선을 고도 18~25km 성층권에 띄워 보내는 것이죠. 풍선에 달린 송수신 장치는 태양 전지로 작동합니다. 성층권에서는 때때로 아주 강한 바람이 붑니다. 풍선에는 그때마다 위치를 바꿔 바람을 피할 수 있는 고도 및 방향 조절기가 달려 있습니다. 헬륨 가스가 들어 있는 풍선 하나가 5천 km²에 이르는 지역의 인터넷 연결을 책임집니다. 아직까지 인터넷 이용이 불가능한 전 세계 농촌이나 섬, 산간벽지 등을 우선 목표로 삼고 풍선을 띄울 작정입니다. 프로젝트 룬의 첫 대상지는 아프리카 케냐입니다.

둘째는 소형 위성을 이용하는 방식입니다. 지구 상공 수백~1,200km 하늘을 도는 수백~수천 기의 소형 통신위성들로 전 세계 인터넷망을 구축하는 것이죠. 우주 공간을 이용한 인터넷이라 해서 '우주 인터넷'이라고 부릅니다. 미국과 영국의 우주 개발업체들이 이 분야에서 치열한 경쟁을 벌이고 있습니다. 유럽 항공기 제조업체 에어버스와 손을 잡은 영국 원웹(OneWeb)이 2019년 2월에 통신위성 6기를 발사하면서 가장 먼저 테이프를 끊었습니다. 원웹은 2020년대 초반까지 900기의 소형 위성을 띄워 세계 인터넷 서비스를 시작할 계획입니다. 이를 위해 매주 4기의 위성을 제작하는 공장을 세웠습니다.

2019년 5월에는 일론 머스크가 이끄는 스페이스엑스가 통신위성 60기를 쏘아 올렸습니다. 이 우주 인터넷 프로젝트 이름은 '스타링크(Starlink)'입니다. 스페이스엑스는 2020년대 중반까지 1만 2천 기를 발사할 계획입니다. 아마존 최고 경영자 제프 베이조스도 소형 위성 3,236개를 띄우는 '프로젝트 카이퍼(Project Kuiper)' 구상을 발표했습니다. 마크 저커버그가 이끄는 세계 최대 소셜미디어 업체 페이스북도 위성 인터넷망 프로젝트 '아테나(Athena)'를 추진하고 있습니다.

이들이 쏘아 올릴 위성들은 고도 3만 6천 km 궤도에 떠 있는 일반 통신위성보다 훨씬 낮은 고도를 돕니다. 지상과 거리가 가까우면 그만큼 데이터 전송 속도도 빨라질 테니까요. 한곳에 머물고 있는 정지궤도 위성과 달리 저궤도 위성은 떠 있는 장소가 시시각각 바뀝니다. 따라서 지구 전역을 연결하려면 많은 위성이 필요합니다. 하지만 수많은 위성이 떠돌다 보면 충돌 위험이 커지고, 수명이 끝나거나 오작동을 할 경우 우주 쓰레기가 되어 버리는 문제도 있습니다.

전 세계 사람들이 인터넷에 접속할 수 있게 되면 지구촌에는 다시 한 번 정보혁명의 파도가 휘몰아칠 것입니다. 새로운 외부 세계, 새로운 정보에 눈을 뜨게 될 수십억 명이 2020년대 이후 지구촌에 새로운 변화의 물결을 몰고 오겠죠.

세계 인터넷망의 거대한 기회와 위험

기업들은 왜 세계를 하나의 인터넷으로 연결하려 할까요? 이들이 내세우는 명분은 인터넷을 이용하지 못하는 소외 지역 서민층에게 인터넷 서비스를 제공한다는 것입니다. 하지만 그 바탕에

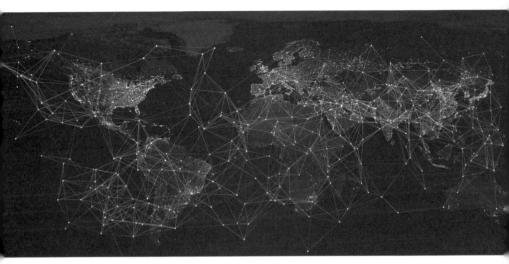

디지털로 촘촘히 연결된 지구촌

는 치밀한 수익 계산이 깔려 있습니다. 구글이나 페이스북의 수입에서 광고가 차지하는 비중은 절대적입니다. 아직 인터넷을 이용하지 못하는 세계 절반의 인구를 인터넷 시장에 끌어온다면 기업이 거둘 이익이 크게 늘어나겠죠.

전 세계 인터넷망으로 확보할 수 있는 가입자들의 정보, 즉 빅데이터도 중요한 마케팅 자원입니다. 선진국 인터넷 시장은 이미 포화 상태에 이르렀습니다. 앞으로 높은 경제 성장률이 기대되는 곳은 개발도상국입니다. 기업들이 천문학적 투자 비용을 들여서라도 인터넷 불모지를 개척하려는 이유입니다.

그러나 인터넷을 통해 모은 정보들은 통제 수단으로 악용될 수도 있습니다. 나의 행동과 습관에 대한 기록이 쌓인 빅데이터는 컴퓨터가 나보다 나를 더 잘 파악할 수 있게 해 주기 때문입니다. 개인의 자유를 위협하는 요인이 되는 것이죠.

물론 전 세계 인터넷망은 저개발국과 오지의 주민들이 가난과 고립에서 벗어날 수 있는 좋은 계기입니다. 인터넷은 우물 안을 벗어나 넓고 다양한 바깥세상을 만날 수 있는 통로입니다. 온라인 네트워크를 통해 이들은 세계 경제와 국제 사회의 새로운 주체가 될 수 있습니다. 허물어야 할 기존 인프라가 없는 저개발국에서는 인터넷망을 통해 모바일 결제. 가상화폐 같은 새로운 혁신이 훨씬 빨리 일어날 수 있습니다. 선발 국가들이 경험한 중간 단계를 거치지 않고 곧바로 디지털 세상으로 나아가는 것이죠. 폐기해야 할 기반 시설이 없으니 변화에 대한 저항도 적습니다. 낙후된 지역의 미래 세대에게는 이런 시도가 엄청난 기회가 될 수 있습니다.

전 세계를 하나로 엮는 지구 인터넷망은 인프라를 구축한 기업들에 더 큰 이익을 가져다줄까요. 아니면 이를 처음 이용하게 될 수십억 사람들에게 더 큰 가치를 안겨 줄까요? 세계 디지털망에 새롭게 들어올 40억 인구가 어떤 미래 지도를 그려 나갈지 흥미롭습니다.

인간의 뇌를 직접 연결하는 '브레인넷'

　사람과 사물과 동물이 연결되면 더는 연결할 것이 없을까요? 과학자들의 호기심은 끝이 없죠. 이들이 야심 차게 도전하려는 게 있습니다. 인간의 뇌끼리 직접 연결하는 것입니다.

　인터넷이 IT 기기를 통해 자기 생각과 감정을 문자나 영상 또는 기호로 바꿔 보내 소통하는 것이라면, 이 방식은 뇌들 사이에 신호를 직접 주고받는 것입니다. 전혀 새로운 방법으로 세상이 연결되는 것이죠. 이를 브레인넷(brain-net)이라고 부릅니다.

　2015년에 미국 연구진이 두 사람의 뇌를 연결해 정보를 주고받는 데 성공한 데 이어, 2019년에는 세 사람 사이의 뇌 연결에 성공했습니다. 이 초보적인 브레인넷 장치는 뇌에서 보내는 신호를 기록하는 뇌파(EEG)와 정보를 뇌에 전해 주는 경두개 자기자극기(TMS)를 결합한 것입니다. 예컨대 송신자 역할을 하는 사람이 테트리스 게임에서 블록을 어디로 움직일지 결정을 내리면 이를 뇌파 분석을 통해 읽어 내고, 그 내용을 인터넷을 거쳐 수신자의 후두부 피질을 자극해 전달하는 방식입니다. 실험 결과, 정보 전달 정확도가 80%를 넘었습니다. 수신자는 송신자가 내린 결정을 보고, 자신은 어떻게 할지 결정합니다. 혼자서는 해결할 수 없는 문제를 다른 사람과 협력해 해결하는 것이죠.

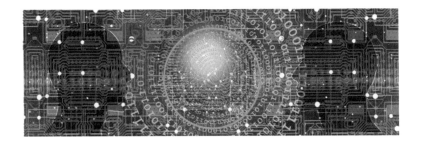

과학자들은 앞으로 정보뿐 아니라 뇌의 상태도 전달할 수 있을 것으로 기대합니다. 예를 들면, 집중력이 좋은 학생의 뇌 신호를 주의력이 부족한 학생에게 보내 집중력을 높여 주는 것이죠. 진정한 브레인넷이 만들어지려면 두뇌 피질의 각 부위가 어떤 기능을 하는지 완벽하게 파악해야겠죠? 아직은 갈 길이 멉니다.

미국의 이론물리학자 미치오 카쿠는 앞으로 '뇌 연결 시대'가 틀림없이 올 것으로 믿는 사람입니다. 그는 이메일 대신 브레인넷을 통해 생각과 감정을 공유하고 새로운 아이디어를 교환하게 될 거라고 주장합니다. 브레인넷의 첫 단계는 시각 기능을 담당하는 후두엽과 언어 기능을 담당하는 좌측 전두엽 등에 나노 탐침을 삽입하는 것입니다. 그다음엔 탐침이 접수한 뇌의 신호를 컴퓨터로 보내 분석한 뒤 인터넷으로 전송하는 것이죠. 마지막은 이를 다른 사람의 뇌에 전달하는 것입니다.

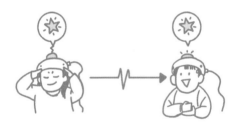

브레인넷이 실현되면 세상이 어떻게 바뀔까요? 지금처럼 스크린에 영상 이미지만 담는 것이 아니라 감정과 느낌까지 담아 보낼 수 있습니다. 자신의 소셜미디어에 졸업식이나 첫 데이트 사진만이 아니라 그때의 기분을 함께 담아 보내는 것입니다. 역사가들은 단순히 사건 내용만이 아니라 관련된 감정까지 기록할 수 있습니다. 브레인넷을 통해 다른 사람의 고통까지 직접 느낄 수 있게 되면 사람들 사이의 긴장 관계도 점차 사라지지 않을까요?

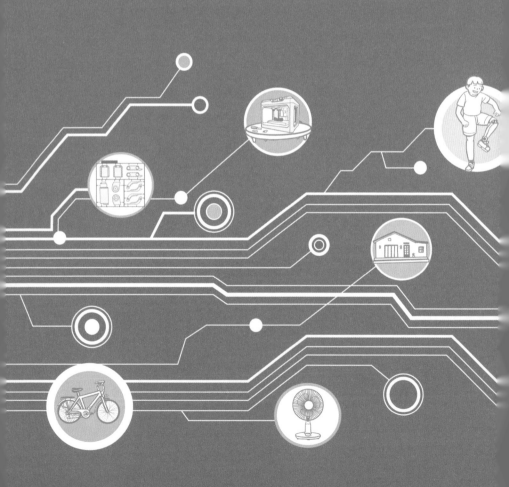

4

누구나 생산자가 된다

3D 프린팅

"미래에 유용한 아이디어도
처음에는 우스꽝스럽게 보인다."

_짐 데이터(미래학자)

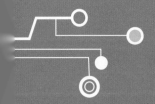

제조업의 혁명을 가져다줄 잠재력을 지닌 기술!

2013년 2월 13일. 버락 오바마 미국 대통령은 새해 국정 계획을 담은 연두교서를 발표하면서 3D 프린팅에 이런 찬사를 보냈습니다. 당시 미국의 제조업 경쟁력을 다시 끌어올릴 수 있는 대안으로 주목했기 때문입니다.

도대체 3D 프린팅이 무엇이길래 이런 찬사를 받는 것일까요? 3D 프린팅이란 3차원 인쇄(3Demension Printing), 즉 입체 인쇄를 말합니다. 우리가 일상에서 보는 프린터가 2차원의 면 형태로 인쇄하는 것에 빗댄 표현입니다. 원래 이름은 '적층가공(additive manufacturing)'입니다. 벽돌을 쌓아 집을 만들 듯 재료를 층층이 쌓아 올려 입체 제품을 완성하는 방식입니다. 현재 제조업의 주류를 이루는 절삭가공. 즉 재료를 깎고 잘라서 제품을 만드는 방식과 정반대죠. 플라스틱에서부터 유리와 금속에 이르는 다양한 재료를 잉크를 붓듯 3D 프린터에 집어넣고 원하는 제품을 출

력(제조)하는 기술입
니다.

3D 프린팅은 21
세기 들어 갑자기
등장한 기술이 아닙
니다. 1984년에 미
국의 한 엔지니어가
레이저 광선 기기로
액체 플라스틱을 조
금씩 응고시켜 푸른
색 작은 플라스틱
컵을 만든 것이 시
초였습니다. 잉크젯
종이 프린터가 발명
되고 불과 7년이 지
났을 때입니다.

3D 프린터의 한 종류

그러나 종이 프린터가 급속히 시장을 늘려간 것과 달리, 3D 프
린터는 일부 기업에서 소량의 시제품을 만드는 데 쓰이는 게 고
작이었습니다. 쓸 수 있는 재료가 한정되어 있었고, 제품을 만드
는 속도도 더뎠기 때문입니다.

3D 프린터가 탄력을 받기 시작한 건 그 뒤 20년이 지나서였습

3D 프린터로 만든 재미있는 모양의 컵

니다. 2004년, 영국에서 '렙랩 프로젝트'라는 이름으로 3D 프린
터 제조 기술을 외부에 공개하는 운동이 시작되면서 물꼬가 터졌
습니다. 그리고 2009년, 3D 프린팅의 원조 특허라 할 압출적층
조형 기술의 특허가 만료되면서 확산의 기폭제 역할을 했죠.

이를 계기로 재료를 분사하거나, 노즐로 뽑아내거나, 빛이나
레이저로 쏘아 재료를 굳히거나, 재료를 얇게 잘라 붙이는 여러
방식이 개발되어 나왔습니다. 집을 지을 땐 치약을 짜내듯 노즐
로 시멘트 혼합물을 배출하고, 항공기 엔진 부품을 만들 땐 금속

가루를 레이저로 쏘아 굳힙니다. 3D 프린팅 제품은 이제 소품 수준을 벗어나 의류나 신발 등 생활 제품은 물론 소형 위성, 드론, 자동차, 의료용 의수족이나 인공 뼈, 인공 귀 등 전문 제품을 만드는 데까지 나아갔습니다.

예를 들어, 미국 제약회사 아프레시아는 3D 프린팅 방식으로 제조한 간질 치료제 알약을 공급하고 있습니다. 간질 환자가 삼키기 어려운 딱딱한 알약 대신 3D 프린팅 기술로 아주 작은 공기 구멍이 있는 알약을 만들어 입안에서 빠르게 녹을 수 있게 했습니다. 미국의 로컬모터스는 3D 프린팅 기술로 자동차를 만들고 있습니다. 프랑스 낭트에서는 3D 프린터로 지은 집이 분양되었고, 네덜란드와 중남미에서는 3D 프린팅 주택 단지가 선을 보였

3D 프린터로 만든 주택

습니다. 특히 3D 프린팅 주택은 건축비가 저렴해서 집 없는 서민
들을 위한 주택 보급에 큰 역할을 할 것이라는 기대를 받고 있습
니다.

생명과학과 결합해 3D 프린터로 인간의 장기를 만드는 바이오
프린팅 연구도 활발하게 진행 중입니다. 각막 조직과 줄기세포로
만든 바이오잉크에 3D 프린팅 기술을 적용해 인공 각막을 만들
고, 사람 세포를 이용해 미니 심장을 만드는 데 성공했습니다. 적
절한 재료만 있다면 3D 프린팅은 사실상 모든 제조업에 적용할
수 있는 기술이 되어 가고 있습니다.

제조업의 민주화 시대가 열릴까?

3D 프린팅의 가장 큰 폭발력은 누구나 제품을 만들 수 있다는 데 있습니다. 1인 제조업 시대가 열리는 것이죠. 자신이 만들고 싶은 제품에 대한 아이디어만 있으면 소비자도 어렵지 않게 생산자가 될 수 있습니다. 특별한 손재주가 필요한 것도 아니고, 엄청난 사업 자금이나 설비, 공장 부지가 있어야 하는 것도 아닙니다. 3D 프린터와 설계도와 재료만 있으면 됩니다. 지금까지 공장에서 필요하던 기능 인력과 값비싼 금형 설비 역할을 3D 프린터가 대신합니다. 설계도를 어떻게 만들지 걱정할 필요도 없습니다. 아이디어를 곧바로 입체 도면으로 만들어 주는 도구도 나와 있으니까요.

따라서 3D 프린팅 시대 제조업자의 최대 경쟁력은 자본이나 기술이 아니라 상상력입니다. 어떤 물건을 만들지 독창적인 아이디어만 있다면 누구나 생산의 주체가 될 수 있다는 점에서 3D 프린팅은 '제조업의 민주화' 시대를 여는 기술로도 불립니다. 3D 프린팅이 확산되면 생산 방식이 바뀔 가능성이 큽니다. 자본주의는 대량 생산 체계를 통해 성장해 왔습니다. 한꺼번에 많이 만들면 제품당 생산비가 낮아져 더 많은 이익을 낼 수 있습니다. 대신 똑같은 규격의 상품을 만들어야 합니다. 제품에 개성을 담을 수 없죠.

그런데 소득이 늘면서 사람들의 욕구가 다양해졌습니다. 남과 다른 것. 자기한테 꼭 맞는 것을 찾는 이들이 빠르게 늘고 있습니다. 공장의 대량 생산 방식으로는 새로운 수요를 충족시킬 수 없죠. 이런 흐름에 맞는 기술이 바로 3D 프린팅입니다. 보청기나 의족처럼 개인에게 꼭 맞는 제품이 필요한 분야에서는 더욱 이런 기술이 필요합니다. 3D 프린팅의 장점은 바로 소량 맞춤 생산입니다.

온라인이 결합하면 3D 프린팅 사업은 좀 더 쉬워집니다. 온라인을 통해 제품 디자인을 보내 주면 전문 회사가 제품을 3D 프린터로 제작해 배송해 줍니다. 온라인을 통해 아이디어를 교류하면 더욱 혁신적인 제품이 나올 수 있습니다. 온라인에는 국경이 없으니까요. 아프리카나 북유럽처럼 멀리 떨어져 있는 친구들이 내 아이디어를 더 발전시킬 수 있습니다. 세계를 무대 삼아 같은 아이디어를 공유하는 사람들과 손잡고 일하는 것이죠. 이렇듯 누구나 생산자가 될 수 있는 시대에는 더 많은 사람이 더 많은 기회를 가질 수 있습니다.

3D 프린팅에는 빼놓을 수 없는 장점이 또 하나 있습니다. 재료 낭비가 없다는 점입니다. 원하는 모양을 만들기 위해 깎고 조립하는 게 아니라. 필요한 만큼 쌓아 올리는 방식이어서 가능한 일입니다. 버리는 재료가 줄어들면 제조업이 환경에 끼치는 악영향도 줄어듭니다.

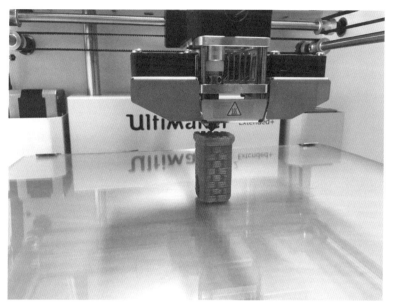

3D 프린터로 장난감을 만들고 있는 모습

인구 전문가들은 2100년이면 세계 인구가 110억 명 안팎에서 정점을 맞을 것으로 예상합니다. 이는 앞으로도 오랜 기간 제품 수요가 계속 늘어난다는 것을 뜻합니다. 자동차 생산 체계가 마련된 이후 100년이 넘는 기간 동안 만들어진 차는 20억 대에 이릅니다. 지금은 해마다 1억 대 가까운 새 차가 나옵니다. 재료를 덜 쓰는 3D 프린팅은 이런 면에서 매력 있는 친환경 제조 방식입니다.

3D 프린터는 세계 분업 체제에도 영향을 끼칠 수 있습니다.

모든 것이 연결된다_사물인터넷 87

지금까지는 선진국이 연구 개발을 주도하고, 개발도상국은 값싼 비용으로 제품을 만드는 방식이었습니다. 그런데 3D 프린팅은 저렴한 인건비 때문에 개발도상국으로 나간 기업들이 다시 자국으로 돌아오게 할 수 있습니다. 또한 개발도상국에서도 자체 생산을 늘려 값비싼 수입 비용을 덜 수 있습니다.

3D 프린팅으로 가장 큰 영향을 받는 곳은 아무래도 부품 산업이겠죠. 여러 단계의 공정이나 부품을 조립하는 과정이 필요 없어질 테니까요. 3D 프린팅의 기회가 부품 산업에는 위기인 셈입니다.

자동차 산업을 예로 들어보겠습니다. 일반적으로 자동차에 들어가는 부품 수는 약 2만 개로 알려져 있습니다. 그런데 로컬모터스가 2014년 세계 최초로 만든 3D 프린팅 전기차 '스트라티'의 부품 수는 불과 40여 개입니다. 제품을 만드는 과정이 엄청나게 단순해진 것입니다. 부품 수가 적어지면 문제가 발생할 확률이 줄고, 차 무게도 가벼워집니다. 주행에 필요한 에너지도 덜 들어 차량 유지비가 낮아집니다. 이렇게 여러 효과가 연쇄적으로 발생하게 됩니다. 3D 프린팅을 활용하면 자동차의 모습도 마음먹은 대로 바꿀 수 있습니다. 나만의 자동차를 가질 수 있는 것이죠. 기존 공장 생산 방식에서는 꿈도 못 꿀 일입니다.

물론 아직은 현실이 아닌 가능성입니다. 가능성이 현실이 되기까지는 넘어야 할 벽이 많습니다. 무엇보다도 3D 프린터에 집어넣을 수 있는 재료가 다양해져야 합니다. 품질 면에서도 개선해야 할 부분이 많습니다.

누구나 사용할 수 있다면, 이에 따르는 역기능도 있겠지요? 무엇보다도 3D 스캐너로 남의 제품 디자인을 허락받지 않고 불법으로 사용하는 문제가 생길 수 있습니다. 3D 프린팅으로 총기 같은 위험한 도구를 제작해 범죄에 악용할 가능성도 있습니다. 실제로 미국에서는 3D 프린팅 권총 설계도가 인터넷에 공개되어 뜨거운 논란을 불렀습니다.

그럼에도 3D 프린팅 기술 개발은 계속될 것입니다. 이런 것이 인류가 발전시켜 온 기술 문명의 역사입니다. 3D 프린팅에서 한 단계 더 나아간 4D 프린팅 연구도 활발합니다. 4D는 온도, 습도 등 주변 환경 변화에 따라 모양이 변하는 물체를 말합니다. 아직은 초기 단계이지만, 언젠가는 영화 〈트랜스포머〉에서처럼 스스로 변신하는 제품 시대가 올 수도 있습니다.

이제 시작 단계에 있는 3D 프린터는 어떤 길을 밟아갈까요? 조그만 틈새시장을 만드는 데 그칠까요? 더 이상의 기술 혁신에 실패해 경쟁력을 잃게 될까요? 아니면 급격한 혁신을 이루어 제조업을 확 바꾸게 될까요?

달 기지 건설은 3D 프린팅에 맡겨 주세요

1969년 7월, 인류는 달에 첫발을 내디뎠습니다. 인류의 다음 목표는 달에 사람이 머물면서 활동할 수 있는 기지를 건설하는 것입니다. 화성처럼 더 먼 우주로 가기 위한 기지로 달을 이용하려는 것이죠. 이르면 2020년대 후반에 작은 기지를 만드는 것이 목표인데요. 문제는 기지를 만드는 데 필요한 건축 재료와 장비를 지구에서 가져가는 게 사실상 불가능하다는 점입니다. 애써 가져간다 해도, 비용이 너무 많이 듭니다.

그래서 대안으로 생각한 것이 달에 있는 흙과 암석, 먼지 등을 재료로 활용해 현지에서 직접 제작하는 방법입니다. 이를 실현시킬 핵심 기술이 바로 3D 프린팅입니다. 태양광 에너지를 이용해서 달의 표토 성분을 녹여 건축 재료로 삼고, 이를 3D 프린터에 넣어 구조물을 층층이 쌓아 가는 방식입니다. 달 표면에 풍부한 현무암 성분이 주된 건축 재료입니다. 유럽우주국(ESA)은 이런 월면토를 이용해 3D 프린팅으로 벽돌을 제조하는 기술도 선보였습니다. 이 벽돌은 낮 동안 내리쬐는 뜨거운 태양열을 저장했다가 밤에 난방 및 전기 에너지로 쓸 수 있게 합니다. 처음엔 응고제 역할을 하는 물질을 지구에서 가져가려 했지만, 지금은 달에 있는 재료만 써서 만드는 쪽으로 방향을 틀었습니다.

미국항공우주국(NASA)은 2014년 12월, 렌치(멍키 스패너) 설계 파일을 이메일을 통해 국제우주정거장으로 보낸 뒤 3D 프린터로 출력했습니다. 중력이 낮은 우주에서도 3D 프린팅이 가능하다는 사실을 입증한 것이죠.

달 기지를 건설할 후보지로는 달 남극 지역에 있는 섀클턴 분화구가 유력합니다. 남극은 달에서 햇빛을 가장 많이 받는 지역이어서 태양 에너지를 충분히 활용할 수 있기 때문입니다.

미국항공우주국은 2015~2019년에 '3D 프린팅 달 기지 경진대회'를 열었습니다. 한국도 참가했습니다. 2017년에는 한국건설기술연구원과 한양대학교

달 기지 상상도

합동팀 '문엑스 컨스트럭션(MoonX Construction)'이 2차 대회에서 3D 프린팅 방식으로 돔 구조물을 제작하는 기술을 선보여 종합 3위를 차지했습니다. 2019년에 치러진 3차 대회에서는 AI스페이스팩토리라는 팀이 하루 10시간씩 3일간 작업한 끝에 높이 4.6m의 항아리형 시설을 완성해 우승했습니다.

　유럽우주국은 2020년대에 3D 프린팅 방식으로 달 기지 건설을 시작해 2040년대에 완성한다는 목표를 세우고 있습니다. 달 기지에는 과학자, 기술자, 엔지니어 들로 구성된 소규모 개척단이 먼저 자리를 잡고 점차 상주 인력을 늘려 갈 계획입니다. 1960년대에 미국과 달 착륙 경쟁을 벌였던 러시아, 2019년에 세계 처음으로 달 뒷면에 착륙선을 보낸 중국도 달 기지 건설을 목표로 삼고 있습니다. 계획대로라면 21세기 중반쯤에는 달 기지를 남극 기지처럼 오갈 수 있을지도 모를 일입니다.

5

이동의 자유가 온다

자율주행차

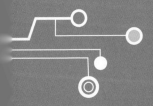

"미래에 대해 당신이 할 일은 예견하는 것이 아니라,
가능하게 하는 것이다."

_생텍쥐페리(소설가)

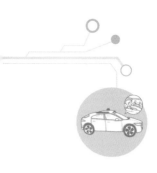

2015년 3월 18일. 미국 캘리포니아 실리콘밸리. 테슬라의 최고 경영자인 일론 머스크가 어느 개발자 회의의 무대에 올라 파격적인 발언을 했습니다.

"자율주행차가 널리 보급되면 인간이 운전하는 차량은 운행을 금지시켜야 할지도 모른다. 너무 위험하기 때문이다. 사람에게 2톤짜리 '죽음의 기계'를 몰도록 맡길 수는 없다."

2018년 9월 4일. 한국 경기도 판교 제2테크노밸리. 기업지원 허브 앞 광장에서 자율주행 미니버스 시범 운행 개통 행사가 열렸습니다. 시승을 마친 경기도지사는 소감을 묻는 질문에 이렇게 대답했습니다.

"최악의 초보 운전자가 모는 차 같네요."

3년 간격을 두고 벌어진 엇갈린 풍경은 자율주행차에 대한 기대와 현실 사이의 간극을 잘 보여 줍니다. 요즘 자율주행차 소식들은 온탕과 냉탕을 오갑니다. 한쪽에서는 자율주행 도로 시험,

시범 운행 돌입 등의 홍보 자료를 쏟아냅니다. 그러는 사이, 다른 쪽에서는 자율주행차가 갑자기 튀어나온 행인을 치었다는 암울한 소식이 전파를 타고 옵니다.

자동차 운전을 하려면 운전대와 페달을 조작할 수 있는 신체 조건과 함께 정확한 판단력, 순발력이 있어야 합니다. 자동차 운전은 높은 수준의 정신 능력과 운동 능력이 필요한 기술입니다. 그래서 아무에게나 운전을 허락하지 않습니다.

무엇보다 일정한 나이가 될 때까지 기다려야 합니다. 성년이 된 다음에도 운행 법규에 관한 지식을 측정하는 필기시험, 정해진 코스에서 자동차 조작 능력을 측정하는 기능 시험, 실제 도로에서 운전 실력을 보는 도로 주행 시험 등 여러 단계를 거쳐야만 정식으로 운전면허를 딸 수 있습니다.

자율주행차는 이런 복잡하고 거추장스러운 과정을 줄여 줍니다. 차가 알아서 가니까요. 사람은 차에 타서 목적지만 선택하면 됩니다. 실현만 된다면 내연기관 자동차가 등장한 이후 130여 년 만에 자동차 역사를 완전히 바꾸는 혁명이 되겠죠.

자율주행차 개발을 생각하게 된 가장 큰 동기는 자주 일어나는 자동차 사고입니다. 현재 전 세계에서 자동차 사고로 숨지는 사람은 한 해에 130만 명이 넘습니다. 다치는 사람까지 포함하면 5천만 명을 웃돕니다. 그런데 사고의 90% 이상이 운전자 잘못 때문에 일어납니다. 한눈을 팔거나, 졸았거나, 아니면 술을 마셨거나, 운전 실력이 미숙했거나 등등 원인은 다양합니다.

처음 생각한 것은 중앙선을 넘지 않거나 차로에서 벗어나지 않는 정도였습니다. 완전한 자율주행 연구를 본격적으로 시작한 건 1990년대 이후입니다. 2004년 미국 국방부 방위고등연구계획국이 연 자율주행차 경주대회 '그랜드 챌린지'가 기술 발전의 불쏘시개 노릇을 했습니다. 우승 상금 100만 달러를 내걸고 캘리포니아 모하비 사막에서 열린 첫 대회에서는 완주한 차량이 하나도 없었습니다. 가장 멀리 간 차가 고작 10km를 조금 더 달렸을 뿐입니다.

다음 해인 2005년 대회부터는 사정이 달라졌습니다. 23개 참가 팀 가운데 5개 팀 차량이 완주했습니다. 때마침 인공지능 기술 개발에 힘을 쏟던 구글이 이 대회에 참가했던 엔지니어들을

1885년 처음 등장한 내연기관 자동차

받아들였습니다. 자율주행차 개발 유행은 이렇게 시작되었습니다. 이때가 2009년이었습니다.

미국 자동차기술학회(SAE)가 정한 기준을 보면, 자율주행차 기술은 5단계로 나뉩니다. 4단계부터가 진짜 자율주행 단계라고 볼 수 있습니다. 5단계 차량에는 아예 운전석이 없습니다. 자율주행차 업체들의 최종 목표는 당연히 5단계 기술을 실현하는 데 있겠죠.

미국 자동차기술학회의 자율주행차 구분 기준

완전 자율주행 　운전자 없이 운행　 5단계

고도 자율주행 　운전자 탑승하지만 관여 않음　 4단계

조건부 자율주행 　운전자 개입　 3단계

부분 자율주행 　2가지 이상 자동화 장치 작동　 2단계

운전자 보조 　한 가지 보조 장치만 작동　 1단계

비자율 주행 　100% 수동 운전　 0단계

　자율주행차 개발은 두 개의 축을 중심으로 진행되고 있습니다. 하나는 구글을 필두로 한 IT 업체들입니다. 다른 하나는 포드, 베엠베(BMW), 지엠(GM), 토요타 등 전통의 자동차 제조업체들입니다. IT 업체들은 급진적인 전환을 추구합니다. 기존 시장을 지켜야 할 부담이 없기 때문입니다. 하지만 자동차 제조업체들은 점진적 변화를 바랍니다. 시장을 크게 건드리지 않고 새로운 수요를 덧붙이는 게 안전하니까요.

　미국 캘리포니아주에서 자율주행 도로 시험 승인을 받은 업체는 2019년 기준 60곳을 넘었습니다. 그만큼 경쟁이 치열합니다. 개발 역사가 10년에 이르면서 업체들은 이제 기술에 자신감을 갖기 시작했습니다. 자율주행차 개발의 선두 주자인 구글의 웨이모와 차량 호출 서비스 업체인 리프트는 2018년 미국 애리조나주 피닉스와 네바다주 라스베이거스에서 자율주행 택시 서비스를 시작했습니다. 시민들의 불안감과 안전을 고려해 운전석에 직원이 타지만 운전에는 관여하지 않습니다. 싱가포르에서는 일정한 구역 안에서 자율주행 셔틀버스를 운행하고 있습니다.

업체들은 이르면 2020년부터 자율주행차 양산에 돌입한다는 계획입니다. 구글이 맨 처음으로 공장 짓기에 나섰습니다. 미국

구글 웨이모의 자율주행차

자동차 산업의 상징 도시인 디트로이트에 첫 공장 부지를 마련했습니다. 미국과 스웨덴 등 일부 나라에서는 자율주행 트럭 시험 운행도 시작했는데요. 바야흐로 자율주행차가 자동차 역사의 새로운 주인공으로 등장할 본격적인 준비를 하고 있습니다.

인공지능과 사물인터넷과 3D 프린팅의 융합

자율주행차에는 운전자의 오감을 대신할 다양한 센서 장비들이 실려 있습니다. 핵심 장비는 라이다(LiDAR)입니다. 이 장치는 주변에 레이저 광선을 발사해서 공기 중의 입자나 물체에 부딪혀 돌아오는 시간 등을 토대로 주변 상황을 3차원 지도로 표현하는 기술입니다. 자율주행차 지붕을 보면 360도 회전하는 원통형 물체가 있는데. 이것이 라이다입니다. 이것 말고도 전자파를 쏴서 돌아오는 시간을 측정하는 레이더. 카메라. GPS 등이 함께 어우러져 주변 물체와 상황을 정밀하게 파악합니다. 이들이 보내 주는 데이터를 인공지능 컴퓨터가 실시간으로 처리하며 자율주행 기능을 수행합니다. 자율주행차에서는 이런 데이터 처리 능력이 가장 중요합니다. IT 업체인 구글이 자동차 업체보다 자율주행차 개발에서 앞선 데에는 이런 배경이 있습니다.

컴퓨터의 데이터 처리 능력이 좋아지면서 자율주행차 시험 주

라이다 센서를 적용한 로봇. 장애물을 피해 지도를 제작하는 데 쓰인다.

행 거리는 기하급수적으로 늘어나고 있습니다. 구글이 맨 처음 내세운 목표는 100마일(160km) 거리를 사고 없이 10번 이상 운행하는 것이었습니다. 이 목표를 달성하는 데에만 몇 달이 걸렸습니다. 이후 가속이 붙어 2018년 10월에는 1,000만 마일을 돌파했습니다. 지구를 400바퀴 돌 수 있는 거리입니다. 첫 100만 마일을 돌파하는 데에는 6년이 걸렸지만, 2018년에는 100만 마일을 넘기는 데 1개월밖에 걸리지 않았습니다.

인공지능을 이용한 컴퓨터 시뮬레이션 주행에서는 하루에만 1,000만 마일(1,600만 km)을 달립니다. 지구 둘레가 4만 km이니,

하루에 지구를 400바퀴 도는 셈입니다. 구글 자율주행차의 누적 가상 주행 거리는 2019년 7월에 100억 마일을 돌파했습니다. 지구와 태양 사이를 50번 왕복하고도 남는 거리입니다. 엄청난 연습량이죠. 그럼 이제 안심하고 내놔도 되지 않을까요?

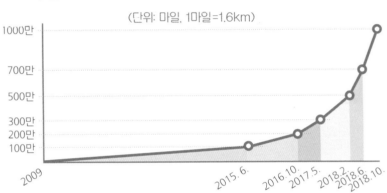

구글 웨이모의 자율주행차 공공도로 시험 주행 누적 거리
(단위: 마일, 1마일=1.6km)

그렇지 않습니다. 도로에서는 예상치 못한 일이 너무 많이 벌어집니다. 주변 자동차와 도로, 시설물에 대한 정보를 실시간으로 파악하지 않으면 사람을 능가하는 운전 실력을 발휘하기가 어렵습니다. 이를 도와주는 것이 바로 사물인터넷입니다. 여기서 쓰이는 사물인터넷은 교통관제 센터와 차량 및 신호 체계 사이의 통신 네트워크입니다. 이들 삼자 사이에 실시간으로 데이터를 주고받아야 자연스러운 운행이 가능합니다.

이는 화물 운송에서 특히 쓸모가 있습니다. 상용차 업계에서는 여러 대의 트럭이 짝을 지어 자율주행하는 실험이 한창입니다. 여러 칸의 객차를 이어 놓은 열차처럼 달리는 주행 기술인데, 이를 트럭 플래투닝이라 합니다. 뒤차가 앞차를 바짝 따라붙으며 꼬리물기 주행을 합니다. 뒤에 있는 트럭은 앞 트럭의 위치, 방향, 속도를 실시간으로 파악해 자동으로 따라갑니다.

트럭 플래투닝의 장점은 크게 세 가지입니다. 첫째, 연료 효율이 높아집니다. 왜 그럴까요? 앞선 트럭이 뒤에 오는 트럭의 바람막이 역할을 해 주기 때문입니다. 둘째, 사고율이 낮아집니다. 운전자 실수가 일어날 가능성이 낮아지기 때문입니다. 셋째, 교통 정체를 완화해 줍니다. 차들 사이의 간격이 좁기 때문입니다. 앞차부터 순차적으로 출발하는 인간 운전 차량과 달리, 자율주행 트럭들은 동시에 출발할 수 있습니다. 교통 정체의 완화는 온실가스 배출량을 줄이는 효과도 있습니다. 자율주행 기술 하나로 친환경성과 경제성, 안전성이라는 세 마리 토끼를 한꺼번에 잡는 셈이죠.

3D 프린팅 기술은 자율주행차에 또 다른 가치를 얹어 줍니다. 부품 수가 적어지니 차체가 가벼워지고, 에너지 소비량이 줄어듭니다. 또, 차량 외관이나 인테리어를 취향에 맞춰 바꿀 수 있습니다. 소재 기술이 더 발전하면 무거운 금속 대신 가벼운 친환경 재료를 사용하는 것도 가능하지 않을까요? 이런 재료를 사용

트럭 플래투닝

하게 되면 날씨나 분위기에 맞게 손수 바꿔 끼울 수도 있을 것입
니다.

자율주행차는 이렇게 인공지능과 사물인터넷, 3D 프린팅이 한
데 어울려 시너지 효과를 내는 종합 기술 산업이라고 할 수 있습
니다. 기술 융합은 4차 산업혁명의 특징입니다. 4차 산업혁명에
서는 현실과 가상, 디지털과 아날로그, 온라인과 오프라인이 서
로 얽히고설키며 새로운 제품과 산업을 만들어 냅니다. 자율주
행차는 그런 점에서 4차 산업혁명 기술의 집약체라고 할 수 있습
니다.

자율주행차 고지의 첫 깃발은 누가?

기계나 장치의 특징은 만들어진 대로 움직인다는 것입니다. 자율주행차 역시 마찬가지입니다. 자율주행차는 모든 교통 신호와 법규를 지키면서 주행합니다. 상황에 따라 이리저리 차선을 바꿔 끼어들거나 과속을 하는 일은 프로그램에 들어 있지 않습니다. 졸음운전, 얌체 운전, 난폭 운전은 자율주행차에서 불가능합니다.

문제는 사람입니다. 사람들은 기계가 예상하지 못한 행동을 얼마든지 저지릅니다. 자율주행차가 미숙한 운전자를 만나면 더욱 낭패입니다. 사고를 막도록 프로그래밍한 자율주행차가 사람들의 예측할 수 없는 행동에 대응하다 보면 진퇴양난에 빠질 수도 있습니다.

이런 상황을 잘 보여 주는 사례가 있습니다. 2017년 11월 8일 미국 네바다주의 관광 도시 라스베이거스에서 있었던 일인데요. 이날은 이 도시에 운전자 없는 자율주행 셔틀버스가 데뷔하는 날이었습니다. 그러나 이 버스는 한 시간도 안 되어 사고가 나고 말았습니다. 앞쪽 트럭 운전자가 후진하던 중 뒤에서 오던 자율주행차를 보지 못한 게 문제였죠. 위험 상황을 감지한 버스의 자율주행 시스템이 사고를 피하려고 멈추었지만 계속 다가오는 트럭을 피하지는 못했습니다.

자율주행차 도입의 진짜 걸림돌은 오히려 기술보다 사람일지도 모릅니다. 자율주행차 시스템은 다른 차량의 운전자나 보행자, 자전거 이용자의 돌발 행동에 대처하는 데 한계가 있습니다. 이런 상황에서 기존 도로에 자율주행차가 투입되면 위험에 빠질 수 있겠죠? 특히 저마다 목적지가 다른 승용차와 같은 도로 공간을 이용하는 건 더 위험합니다. 구글이 10년의 경험을 쌓고도 여전히 '시험 주행'을 계속하고 있는 것은 이런 이유 때문입니다.

2018년 3월 미국 애리조나에서 사고가 난 자율주행차

하지만 정해진 경로와 차로를 다니는 버스, 고속도로를 이용하는 트럭은 일반 차량이나 보행자와 마주칠 일이 상대적으로 적습니다. 이런 곳에선 자율주행차를 도입하기가 상대적으로 쉽죠. 따라서 자율주행차는 단계적으로 도입될 가능성이 큽니다. 최우선 후보

는 정해진 길만 다니는 셔틀 차량입니다. 실제로 각 나라에서 잇따라 시범 운행하고 있는 자율주행차는 대부분 미니버스 형태의 자율주행 셔틀입니다. 자율주행 택시도 처음엔 일정한 구간 안에서만 도입할 가능성이 크고, 트럭은 고속도로 구간에서 우선 자율주행 체계를 활용할 것입니다. 그러나 이런 방식도 안전을 완벽하게 보장해 주지는 못하죠.

더 좋은 대안은 없을까요? 자율주행차와 일반 차량을 분리시키는 방법이 있습니다. 자율주행차를 위한 도로를 따로 만드는 것이죠. 버스 전용 차로처럼 자율주행차만이 다니는 차로나 도로를 만드는 것입니다. 국토연구원이 분석한 바에 따르면, 자율주행차와 일반 차량의 주행로를 분리하게 되면 수송 능력이 2.5배 늘어납니다. 자율주행차는 정속 주행이 가능해 도로 이용 효율이 크게 높아집니다. 그러면 교통 정체가 완화되고 온실가스 배출량도 줄어듭니다. 그렇다면 자율주행차 전용 고속도로를 만들 수도 있겠죠.

좀 더 과감한 방식도 있습니다. 공유 차량을 중심으로 도로를 재편하는 것입니다. 주로 한 사람이 타고 다니는 승용차들을 불편하게 만들어, 버스나 합승 형태의 자율주행 교통수단을 이용하도록 유도하는 것이죠. 줄어든 승용차 차로는 녹색 공간과 휴식 공간, 자전거 전용 도로로 활용합니다. 자율주행차 중심으로 도로가 재구성되면 차로가 지금보다 좁아도 됩니다. 센서를 갖춘 자율주행차는 인간 운전자보다 훨씬 섬세한 주행이 가능하기 때문입니다. 교통은 기술만이 아닌 시스템의 문제입니다.

미리 보는 자율주행차 시대 풍경

"오후 6시 25분. 퇴근 시간인데 아직 해야 할 일이 남아 있다. 나머지 일은 집에서 해야겠다. 집까지 가는 시간은 30분. 예전엔 교통 체증으로 60분이 걸렸지만. 이젠 절반으로 줄었다. 스마트폰 앱을 열고 목적지를 입력한 뒤 내 사무실로 차를 보내 달라고 요청했다. 5분 후 차가 도착했다는 문자가 떴다. 주차장으로 내려가 차를 탔다. 교통 상황을 점검한 컴퓨터가 '25분 후 도착'이라고 알려 준다. 차가 자율주행차 전용 도로로 진입했다. 차 안에서 미처 못 본 이메일을 훑어보고 답신을 보냈다. 집에 가는 동안 차가 수시로 주행 상황을 알려 준다. 출발 25분 만에 정확히 집에 도착했다. 내일 아침 출발 시각을 예약하고 내렸다."

미리 그려본 미래의 자율주행차 출퇴근 풍경입니다. 이렇게만 된다면 굳이 자동차를 살 필요가 없겠죠? 인공지능을 갖춘 자율주행차를 불러 타는 것이 훨씬 편할 테니까요. 우버 같은 호출형 택시 서비스에서 이런 미래의 싹을 엿볼 수 있습니다. 스마트폰 앱을 통해 차를 부르고. 요금도 미리 등록해 놓은 카드로 자동 결

우버를 운행 중인 운전자

제하는 편리함이 장점입니다. 앱에 입력해 놓은 목적지로 운전자가 알아서 데려다주기에 자동차를 타고 가면서 자기 일을 볼 수 있습니다. 사람이 운전하는 점을 빼면 자율주행차의 미래 풍경과 비슷하죠?

자율주행차의 등장은 자동차가 소유 대상에서 이용 대상으로 바뀌는 걸 뜻합니다. 자율주행차 시대에는 자가용을 갖고 다닐 필요 없이 로봇 택시를 불러 타면 됩니다. 호출형 택시 업체들은 사람 운전자 대신 자율주행 시스템을 도입하면 이용 요금도 낮출 수 있다고 말합니다. 물론 그 과정에서 일자리를 잃게 되는 택시 운전기사들은 크게 반발하겠죠. 이런 문제를 어떻게 해결할지도 자율주행차 시대의 주요한 과제 가운데 하나입니다.

자가용의 쇠퇴와 로봇 택시의 등장은 도시에 연쇄적인 효과를 가져옵니다. 무엇보다 시내 주차장을 크게 줄일 수 있습니다. 차를 긴 시간 세워 놓을 필요가 없기 때문이죠. 주차장에서 사람이 타고 내릴 필요가 없으므로 주차장 공간 효율도 높아집니다. 그동안 운전을 못 해 외출이 어렵던 장애인이나 노약자도 이동의 자유를 누릴 수 있습니다.

대부분의 가정에서는 차 한 대를 구입하여 다목적으로 이용합니다. 혼자서 출퇴근할 때이든, 가족과 여행을 할 때이든 같은 차로 이동합니다. 자동차가 서비스 수단으로 바뀌면, 외출 목적에 따라 차를 바꿔 가며 이용할 수 있습니다. 출퇴근할 때에는 소형 승용차를, 여행할 때에는 대형 SUV를 빌려 쓰는 식이 되는 거죠.

현대인에게 시간은 금입니다. 자율주행차는 운전하는 시간을 인간에게 돌려줍니다. 컨설팅 업체 맥킨지는 미국을 기준으로 볼 때, 자율주행차를 이용하는 사람들은 손수 운전을 할 때보다 평균 하루 50분씩 더 많은 자유 시간이 생길 거라고 분석했습니다. 허투루 쓰는 시간이 없으니 집은 도심에서 좀 멀리 있어도 큰 문제가 되지 않습니다. 이는 도심 인구 과밀화 해소에 긍정적인 영향을 줄 것입니다. 인구가 외곽으로 분산되면 부동산, 교육, 유통 등 생활 관련 산업들도 잇따라 영향을 받게 되겠죠.

전기화, 자동화, 공유화

현재 자동차 산업에는 앞에서 살핀 자동화. 공유화와 함께 전기화 흐름도 있습니다. 전기화란 자동차에 동력을 공급하는 장치로 엔진이 아닌 전기 모터를 쓰는 걸 말합니다. 자율주행차는 이 세 가지 흐름을 담고 있습니다.

자율주행차에는 왜 엔진 대신 전기 모터를 쓰는 게 좋을까요? 내연기관으로 움직이는 차에도 자율주행 기능을 붙일 수는 있습니다. 배터리를 통해 전기를 공급할 수도 있죠. 하지만 엔진을 장착한 차는 기본적으로 전기 에너지만을 쓰는 자율주행차의 기본 특성과는 잘 어울리지 않습니다. 에너지 효율을 높이는 것도 무게가 가벼운 전기차가 유리합니다.

동력을 공급하는 방식에서 전기차는 장점이 많습니다. 물론 기름이나 가스를 넣는 것과 마찬가지로 전기차도 사람 손을 거쳐 전기를 충전해야 합니다. 주유소가 아닌 충전소에서 하는 것이 다를 뿐이죠. 충전 시간은 좀 깁니다. 적어도 수십 분은 기다려야 합니다. 대신 커다란 저유 탱크가 필요한 주유소와 달리. 충전 시설은 곳곳에 작게 설치할 수 있습니다. 필요한 곳에 필요한 만큼 설치할 수 있는 거죠. 더욱 효율을 높이려면 무선 충전 기술을 개발해 시스템을 갖출 필요가 있습니다. 최근 들어 관련 특허가 급증하고 있는 걸 보면 머지않아 무선 충전 방식이 널리 보

충전 중인 전기 자동차

급될 것으로 보입니다. 자율주행차가 전기차여야 하는 결정적 이유는 환경 문제입니다. 지금은 인류 역사상 가장 심각한 기후 변화 시대를 맞고 있습니다. 그 주된 원인인 석유와 석탄 같은 화석 연료를 사용하는 내연기관으로는 미래 이동 수단의 주역이 될 수 없습니다.

　자율주행차는 자동차 산업의 빅뱅을 초래할 잠재력이 있습니다. 지금 태어나는 아이들은 굳이 직접 운전을 하지 않아도 되는 세상에서 살 수 있습니다.

그러나 실제 자율주행차가 도로에 나오기까지는 넘어야 할 벽이 한두 가지가 아닙니다. 기술적인 문제도 있고, 법규가 아직 갖춰지지 않은 문제도 있습니다. 이런 것들은 관련 전문가들이 더욱 노력하고, 비어 있는 부분을 채워 넣으면 됩니다.

가장 넘기 어려운 건 사람들 마음입니다. 한마디로 아직 타 보지 않은 것에 대한 불안감이죠. 이런 장벽을 넘으려면 먼저 다른 차나 물체, 보행자를 완벽하게 감지하고 반응할 수 있는 수준까지 기술 개발이 이루어져야 하겠죠. 사고를 피할 수 없다고 판단될 때 탑승자와 보행자 가운데 누구를 우선할 것이냐 하는 윤리적인 고민도 있습니다. 자동차를 사고파는 업체와 소비자 입장에선 당연히 탑승자를 우선하려 하겠지만, 사회적 통념으로는 다를 수 있습니다.

자율주행차 시대의 가장 큰 복병은 주행 시스템이 오류를 일으키거나 누군가 나쁜 용도로 악용할 경우입니다. 자칫하면 자율주행차는 달리는 흉기가 될 수 있습니다. 운행 장치가 인터넷에 연결되어 있으므로 해킹도 가능하겠죠.

자율주행차는 이제 가능성 단계를 벗어나 현실로 다가왔습니다. 언제 도입할지를 놓고 저울질하는 단계입니다. 하지만 풀어야 할 과제들은 여전히 실타래처럼 얽혀 있습니다.

자율주행차는 새로운 교통 혁명을 부를까

"시간을 지배하는 자가 세상을 지배한다."

성공 처세술이나 자기 계발과 관련한 강의에서 곧잘 듣는 말입니다. 실속 없이 보내는 시간을 줄이고 자기 것으로 활용할 수 있는 시간은 늘리라는 뜻을 담고 있죠. 시간을 지배하는 방법 가운데 하나가 바로 이동 시간을 줄이는 것입니다. 인류 역사를 살펴보면 남보다 목적지에 빨리 도착하는 것이야말로 가장 큰 경쟁력 가운데 하나였습니다. 세상을 지배하려면 빠른 자가 되어야 했습니다. 그러기 위해선 빠른 이동 수단을 확보하는 것이 중요합니다.

오랜 세월 동안 인류의 가장 빠른 이동 수단은 말과 마차였습니다. 말을 탄 기병과 물자를 운송하는 마차는 영토를 넓히는 강력한 힘이었죠. 고대 로마 제국의 원동력이 바로 이것이었습니다. 동서양을 아우르는 세계 최대 제국을 건설한 칭기즈 칸의 군사력도 말을 탄 기병에서 나왔습니다. 그러나 동물은 오랜 시간 힘을 계속해서 낼 수 없습니다. 더구나 말에 태울 수 있는 사람과 물건은 한정되어 있죠.

인류는 기계의 힘을 빌려 이 한계를 극복했습니다. 그 첫 주자는 증기기관입니다. 1873년에 나온 모험 과학 소설 《80일간의 세계 일주》는 당시 최첨단 기계인 증기기관을 이용해 세계 일주 여행을 하는 이야기입니다. 주인공은 땅에서는 증기기관 자동차를 타고, 바다에서는 증기기관 선박을 이용합니다. 영국 런던에서 출발해 프랑스, 이집트, 인도, 싱가포르, 일본, 미국을 거쳐 다시 런던으로 돌아오기까지 80일이 걸렸습니다. 16세기 초에 마젤란의 배가 3년에 걸쳐 이룬 일을 석 달도 안 돼 해치운 힘은 증기기관에 있었습니다.

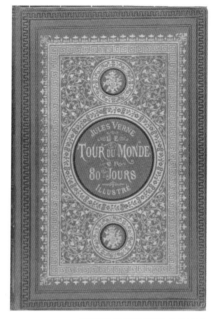

《80일간의 세계 일주》 초판 표지

증기기관을 동력으로 한 철도는 한 세기 만에 세상을 뒤집어 놓았다고 해도 지나친 말이 아닙니다. 사람과 물자의 대량 이동이 가능해지면서 산업혁명이 꽃을 피웠습니다. 대량 생산 시대가 온 것이죠. 산업혁명의 발상지인 영국이 식민지를 확장해 갈 수 있었던 데에는 철도의 힘이 밑바탕에 있습니다. 전 세계에 두루 식민지를 두었던 영국은 '해가 지지 않는 나라'라는 별칭까지 얻었습니다. 미국이 오늘날 세계 최강국이 될 수 있었던 것도 동서를 잇는 대륙 횡단 철도의 힘이 컸습니다.

19세기 후반에 등장한 내연기관은 기차보다 작고 간편하게 이동할 수 있는 이동 수단을 만들어 냈습니다. 20세기는 자동차의 시대였습니다. 자동차는 개인 이동 수단의 세상을 열었습니다. 사람 사이의 교류가 활발해지고 이동의 자유가 몰라보게 확장되었습니다. 자동차 덕분에 사람들은 시간을 더 쪼개 쓸 수 있게 되었습니다. 그러나 '악마는 디테일에 숨어 있다.'라는 말처럼 자동차가 내뿜는 배기가스는 기후 변화와 미세먼지의 주범으로 꼽히고 있습니다.

그럼 자율주행차는 앞으로 세상을 어떻게 바꿔 갈까요? 운전자 없는 자동차, 필요할 때 언제 어디서든 이용할 수 있는 자동차가 생활과 산업에 일으킬 파장을 예측하기는 쉽지 않습니다. 한 가지 상황을 가정하는 것으로 그것을 대신합니다.

서울에서 부산까지 가야 한다고 생각해 봅시다. 자동차로 운전을 하고 가면 4~5시간이 걸립니다. 비행기를 타면 약 40분, KTX를 타면 약 2시간 30분입니다. 탑승 시간으로만 보면 비교가 되지 않습니다. 그러나 비행기와 기차를 이용하려면 공항이나 역까지 가서 탑승 수속을 밟고, 도착 뒤에도 다시 목적지까지 가는 시간이 추가됩니다. 이리저리하다 보면 앞뒤로 2시간은 더 잡아야 합니다. 게다가 아무 때나 갈 수 없습니다. 출발 시각에 맞춰야 합니다. 결국 손수 운전하는 것과 시간상 큰 차이가 없습니

미국 잡지 〈라이프〉에 실린 미래의 자율주행차 상상도(1957)

다. 그래도 사람들은 운전하는 것보다는 비행기와 기차를 택하는 경우가 많습니다. 이동 시간 동안 편안하고 그 시간을 나름대로 활용할 수 있기 때문입니다.

그렇다면 내가 있는 바로 이 자리에서 아무 때나 차를 불러 타고 다른 도시의 약속 장소까지 갈 수 있다면 어떨까요? 차에 타고 있는 동안 운전에 신경 쓸 필요 없이 쉬거나 업무를 보고 영화도 볼 수 있다면요? 게다가 침대까지 있다면요? 여러분은 어느 쪽을 선택하고 싶나요? 자율주행차는 '맞춤형 이동 수단'이라는 새로운 시대를 열 것입니다.

우리의 생활을 변화시킬 다음 교통 혁명은?

철도는 고속으로 달리는 시대를 열었습니다. 자동차는 가고 싶은 곳으로 마음대로 갈 수 있는 자가용 시대를 열었습니다. 자율주행차는 소유가 필요 없는 서비스 교통 시대를 열 전망입니다. 그럼 자율주행차 다음엔 또 어떤 교통 혁명이 일어날까요?

현재 추진 중인 차세대 혁신 기술을 보면 어렴풋이 짐작할 수 있습니다. 대표적인 것이 로켓 여행입니다. 로켓은 기본적으로 우주로 가는 이동 수단입니다. 그런데 이 로켓을 지구 여행에 사용하면 어떨까요? 미국의 우주 개발업체 스페이스엑스가 로켓 지구 여행을 실현하겠다고 나섰습니다. 로켓을 타고 일단 우주 공간으로 나갔다가 포물선을 그리며 목적지에 착륙하는 방식입니다.

스페이스엑스 로켓 발사

최대 100명을 태울 수 있는 로켓 여객기 스타십을 개발하는 것이 목표인데요. 최고 시속 2만 7천km인 로켓 여객기를 타면 서울에서 뉴욕까지 30분이면 갈 수 있습니다. 실현만 된다면 지구 어디든 1시간 안에 갈 수 있겠죠? 주변 시설이나 사람들에게 피해를 주지 않기 위해 로켓 여행의 출발과 도착은 모두 해상에서 진행할 생각입니다. 로켓을 해상에 안전하게 착륙시키는 기술은 이미 확보했습니다.

자율주행 개념을 하늘에 적용한

하이퍼루프 개념도

에어택시(항공 택시)도 후보 가운데 하나입니다. 증가하는 인구로 도시 정체는 갈수록 심해지고 있습니다. 자율주행차가 아무리 영리하게 주행을 하더라도 늘어나는 도로 교통량 앞에선 한계가 뚜렷합니다. 이를 극복하는 것이 바로 하늘길을 이용하는 것이죠. 그러면 도로 정체를 걱정할 필요가 없습니다. 도착 시각도 정확히 계산할 수 있죠. 세계 여러 나라 업체들이 항공 택시 개발 경쟁을 벌이고 있는데요. 수직 이착륙 드론을 사람을 태울 수 있게 만든 거라고 보면 됩니다.

2020년대에 등장할 초음속 여객기도 새로운 교통 혁명을 예고합니다. 사실 초음속기가 새로운 건 아닙니다. 1976년부터 2003년까지 운항했던 콩코드는 승객 100명을 태우고 음속의 두 배 속도로 날았습니다. 런던에서 뉴욕까지 불과 3시간 반밖에 걸리지 않았습니다. 지구 자전보다 빠른 속도입니다. 그래서 콩코드를 타면 서쪽에서 해가 뜨는 진기한 현상을 볼 수 있었습니다. 하지만 엄청난 폭음과 요금 때문에 대중화되지 못했죠. 새로운 초음속기 개발업체들은 소음을 콩코드의 1,000분의 1 수준으로 줄이고 속도는 음속의 최대 5배로 높이는 걸 목표로 삼고 있습니다.

하늘이 아닌 땅에서 초음속을 실현하는 진공 튜브형 열차 하이퍼루프(Hyperloop)도 개발 중입니다. 자기 부상 방식으로 진공 상태의 터널을 비행기보다 빠른 시속 1,220km 속도로 달리는 운송 수단입니다. 도시 사이 구간은 지상 터널로, 도심에선 지하 터널로 통과하는 방법을 생각하고 있습니다. 실현될 경우 서울에서 부산까지 20분 안에 갈 수 있습니다.

2020년대에는 과연 어떤 운송 수단이 교통 혁신의 바람을 일으킬 수 있을까요?

6

호모 사피엔스냐,
GMO 사피엔스냐?

생명과학

"어제의 꿈은 오늘의 희망, 내일의 현실이다"
_로버트 고다드(로켓 과학자)

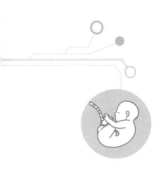

생명체는 나고 자라서 왕성한 청춘 시절을 보낸 뒤 늙고 병들어 죽습니다. 모든 생명이 이런 과정을 거칩니다. 인류는 이런 굴레를 벗어나기 위해 몸부림쳐 왔습니다. 늙지도, 죽지도, 병들지도 않는 방법은 없을까요? 무병장수, 불로장생은 인간이 옛날부터 품어 온 꿈입니다. 고대 중국의 진시황은 신하들을 천하에 풀어 불로초를 구하려 했습니다. 한반도 서남해안과 제주도에서도 이들이 다녀갔다는 이야기가 전해 옵니다. 숱한 사람들이 불로장생의 꿈을 꾸었지만, 모두 실패로 돌아갔습니다.

이유가 무엇일까요? 생명의 실체에 대해 아는 것이 많지 않았기 때문입니다. 현대 과학은 베일에 싸인 생명 현상의 비밀을 벗겨 가고 있습니다. 생활이 풍요로워지고 의료 기술이 발전하면서 인류의 평균 수명도 지난 100년 사이 거의 두 배로 늘었습니다. 이제 수명 100세 시대를 눈앞에 두고 있습니다. 21세기 들어 생명과학은 이전에 없던 도약기를 맞고 있습니다.

DNA 구조의 발견

현대 생명과학의 출발점은 유전 정보를 담고 있는 DNA(데옥시리보핵산) 구조의 발견입니다. DNA는 세포핵의 염색체에 있습니다. 생명체가 살아가는 데 필수적인 단백질을 언제, 어떻게, 얼마만큼 만들지에 대한 지침을 담고 있는 물질입니다. 이 정보를 자신과 몸 구조가 비슷한 RNA(리보핵산)에 전달해 단백질을 합성하는 방식으로 유전 형질을 발현시킵니다.

1953년, 미국과 영국 출신의 두 젊은 과학자는 DNA가 이중 나선 형태를 취하고 있다는 사실을 알아냈습니다. 이들의 발견은 20세기 생명과학의 가장 놀라운 성과로 평가됩니다. 이들은 9년 뒤 이 공로로 노벨 생리의학상을 받았습니다.

이중 나선 구조란 사다리처럼 연결된 유전자 사슬이 꽈배기처럼 뒤틀린 모양을 말합니다. DNA를 구성하는 4가지 염기(아데닌, 구아닌, 시토신, 티민)가 이런 형태로 짝을 지어 연결되어 있습니다. 그런데 이 염기들이 쌍을 이루는 데에는 법칙이 있습니다. 아데닌(A)은 티민(T)과, 구아닌(G)은 시토신(C)하고만 쌍을 이룹니다. 이런 쌍이 모두 30억 개에 이릅니다. 이것들은 아주 촘촘하게 접힌 채로 세포핵 안에 있는 23개 쌍의 염색체에 나뉘어 있습니다. 한 줄로 죽 늘어놓으면 길이가 180cm 안팎입니다. 이를 합쳐 인간 게놈(유전체)이라고 부르죠. 게놈에는 생명에 관한 모든 정보가

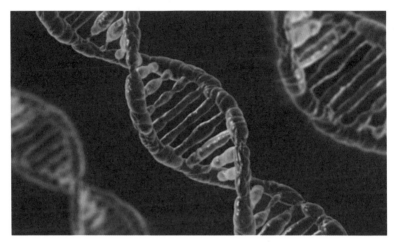
DNA 이중 나선 구조

담겨 있습니다. 인간 유전자 수는 2만 개가 조금 넘는데, 한 개의 유전자 크기는 염기쌍 수백 개에서 수백만 개에 이르기까지 다양합니다.

DNA 구조의 발견은 생명을 분자 수준에서 들여다볼 수 있게 했습니다. 이는 생명과학의 발전에 가속도가 붙게 한 원동력이었습니다. 30억 개의 염기쌍 전체가 어떤 순서로 배열되어 있는지를 알아낸 건 2003년이었습니다. DNA 구조를 발견한 지 50년 만입니다. '인간 게놈 프로젝트(HGP)'라는 이름의 이 작업을 마치는 데 무려 13년이 걸렸습니다. 비용도 27억 달러나 들었습니다. 요즘 가치로 따지면 48억 달러(약 5조 원)에 이르는 엄청난 돈이죠. 해독법을 알고 나자 기술이 빠르게 발전했습니다. 지금은 불과 몇 시간이면 한 사람의 게놈 전체를 해독할 수 있습니다. 비용도 우리 돈 100만 원이면 족합니다. 과학자들은 2020년대 안에 게놈 해독 비용이 지금의 10분의 1 수준으로 떨어질 것으로 봅니다.

미국에서는 벌써 유전자 검사 서비스가 성업 중입니다. 회사가 보내 준 키트에 침을 담아 보내면 자기 혈통의 뿌리, 질병 위험도 등이 담긴 분석 결과를 받아 볼 수 있습니다. 미국의 영화배우 안젤리나 졸리는 유전자 검사를 통해 자신에게 유방암 유발 유전자가 있다는 걸 알고, 예방 차원에서 유방 절제 수술을 받기도 했습니다.

생명과학 붐을 일으킨 유전자 가위

구조를 알면 분해와 재조립이 가능하죠. 과학자들은 유전자를 들여다보는 데 그치지 않고, 유전자를 자르고 붙이는 방법을 개발했습니다. 이를 유전자 가위(또는 유전자 편집)라고 부릅니다. 표적이 된 유전자 부위만을 골라 정확히 잘라 내는 기술입니다.

지금 쓰고 있는 유전자 가위는 2012년에 탄생한 3세대 유전자 가위 '크리스퍼-카스나인(CRISPR-Cas9)'입니다. 바이러스 공격에 대항하는 박테리아의 면역 체계에서 힌트를 얻어 개발한 것인데요. 박테리아는 이전에 자신을 공격한 바이러스의 염기 서열 정보를 기록해 두었다가. 그 바이러스가 다시 공격해 오면 이 정보를 바탕으로 바이러스에 역공격을 하는 특성이 있습니다. 자신을 공격하는 바이러스의 염기 서열을 절단하는 것이죠. '크리스퍼-카스나인'은 이 방식을 응용한 것입니다. '크리스퍼'는 표적으로 삼은 유전자 부위로 안내해 주는 물질이고, '카스나인'은 이를 절단하는 분해 효소입니다. 3세대 유전자 가위는 유전자를 조작하는 시간과 비용을 크게 줄이고 성공 확률은 크게 높였습니다. 덕분에 여러 가지 실험을 쉽게 할 수 있게 되었죠. 21세기 생명과학 붐을 일으킨 일등 공신이라고 할 수 있습니다.

유전자 가위 기술을 활용하면 원하는 형질의 식물과 동물을 어렵지 않게 만들어 낼 수 있습니다. 이 기술을 이용해 애완용 미니 돼지. 얼룩무늬 양. 근육량이 두 배인 슈퍼 돼지. 뿔을 없앤

소 등이 탄생했는데요. 이를 가리켜 '크리스퍼 동물원'이라고 부르기도 합니다.

유전자 가위는 사람의 질환을 치료하는 방식을 바꿔 가고 있습니다. 세포 차원의 치료가 가능해진 것이죠. 질환과 관련된 세포를 떼어 내 유전자 교정을 한 뒤 다시 몸에 집어넣거나, 직접 몸속 세포에 유전자 가위 분자를 넣어 유전자 치료를 할 수 있습니다. 이런 치료법은 자기 세포를 쓰는 것이어서 거부 반응이 없다는 장점이 있습니다.

환자의 몸이 아니라, 병원체를 옮기는 생물의 유전자를 바꿔 질병을 퇴치하려는 시도도 있습니다. 말라리아 예방 백신을 맞거나 증상을 치료하는 것이 아니라, 번식을 못 하게 유전자를 조작해 말라리아모기 자체를 없애는 것입니다. 이를 '유전자 드라이브'라고 합니다. 하지만 이런 방식이 생태계에 어떤 영향을 끼칠지 몰라 우려하는 목소리도 높습니다. 전문가들은 특히 생물 무기 생산에 악용될 위험을 걱정합니다.

체외 수정에서 세 부모 아기, 유전자 편집 아기까지

생명과학은 생명의 탄생 과정을 바꿔 놓고 있습니다. 1970년대에 개발된 체외 수정 기술이 시작이었습니다. 체외 수정이란 자연 임신이 안 되는 부부를 위해 몸 밖에서 인공 수정을 해 주는 기술입니다. 시험관에서 난자와 정자를 수정한 뒤, 이를 자궁에 다시 집어넣어 착상시키는 방식이죠. 이 기술로 태어난 아기를 '시험관 아기'라고 합니다. 지난 40년 동안 800만 명이 이 기술의 도움을 받아 태어났습니다. 생물학자들은 시험관 아기의 탄생은 운송 기술에서 음속을 돌파하는 것과 같은 엄청난 사건이라고 말합니다.

단순한 체외 수정을 넘어, 난자의 이상 부위를 바로잡은 뒤 수정해 주는 기술도 나왔습니다. 난자에 이상이 있는 여성의 난자를 정상 난자와 합쳐 임신을 할 수 있게 하는 것이죠. 이상이 있는 난자에서 핵을 떼어 내 정상 난자에 집어넣습니다. 이렇게 합쳐진 난자를 정자와 체외 수정시키면 두 여자와 한 남자의 유전 정보가 담긴 아기가 탄생합니다. 이를 '세 부모 아기'라고 부릅니다. 2016년 멕시코에서 최초의 세 부모 아기가 탄생했습니다. 그러나 이는 생명의 원천에 손대는 것이어서 허용을 두고 논란이 많습니다.

과학자들은 체외 수정을 넘어 체외 임신 기술도 개발 중입니다. 태아가 자랄 수 있는 인공 자궁을 만드는 것이죠. 성공하게 되면 미래의 여성들은 임신 기간 동안 활동 제약은 물론 출산의 고통에서도 벗어날 것입니다.

사람의 질환 가운데 상당수는 유전자 이상에서 비롯된 것입니

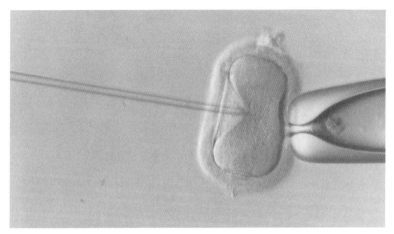
시험관 아기 체외 수정 장면

다. 이것 역시 유전자의 실체를 알게 되면서 밝혀진 사실인데요. 따라서 근본 치료를 하려면 겉으로 드러나는 증상보다도 유전자를 교정할 수 있어야 합니다. 질환을 유발하는 유전자의 기능을 억제하거나 면역 기능을 담당하는 유전자를 활성화하는 것이죠. 원하는 유전자로 교체하는 방법도 있습니다. 태어나기 전 수정란 단계에서 이 방법을 쓰면 영구적인 예방 치료 효과를 볼 수 있습니다. 그러나 이는 생명 탄생 과정에 개입하는 행위라서 금지된 영역에 발을 내딛는 것과도 같습니다. 그래서 과학자들은 유혹을 받으면서도 이 선을 넘지 않았습니다.

하지만 2018년 11월, 중국의 한 과학자가 마침내 금단의 선을 넘고야 말았습니다. 그는 에이즈에 걸리지 않도록 유전자를 바꾼 쌍둥이 아기가 탄생했다고 발표했습니다. 에이즈 감염과 관련한 유전자를 제거한 것입니다. 세계 생명과학계가 발칵 뒤집어졌습니다. 한 과학 잡지는 그를 '크리스퍼 악당'이라고 비난했습니다. 중국 정부도 서둘러 규제 법안을 만들었죠. 하지만 '선을 넘으려는' 과학자들의 시도는 아마도 계속 이어질 것입니다.

유전자 가위 기술을 활용하면 원하는 유전자 기능을 추가하거나 제거할 수 있어 이론적으로 맞춤형 아기, 즉 '디자이너 베이비'가 얼마든지 가능합니다. 이런 방식은 부모에게서 받은 유전자를 변형하는 것이기에 생명 윤리를 거스른다는 문제를 낳습니다. 따라서 대부분 나라에서는 이를 법으로 엄격하게 금지하고 있습니다.

동물 복제 다음엔 인간 복제?

구조를 알면 똑같은 것을 만들어 내는 것도 가능하겠죠? 생명과학이 알아낸 또 하나의 방법은 복제입니다. 생명이 탄생하려면 정자와 난자가 서로 결합하는 수정 과정을 거쳐야 합니다. 하지만 복제는 이 과정 없이, 즉 엄마와 아빠 없이 아기가 태어난다는 것을 뜻합니다. 1996년 영국 과학자들이 복제양 돌리를 만들었는데, 돌리는 세계 최초의 복제 포유동물입니다.

동물 복제는 어떻게 하는 것일까요? 우선 암컷 동물의 난자와 복제하고 싶은 동물의 체세포를 확보합니다. 돌리를 만들 땐 양의 젖샘 세포를 떼어 냈습니다. 그런 다음 난자에 있던 핵을 제거하고, 그 자리에 복제할 동물에서 떼어 낸 세포의 핵을 넣습니다. 핵 속에는 동물의 유전자가 들어 있습니다. 이를 '핵 이식'이라고 부릅니다. 다음엔 이 난자를 대리모 역할을 할 암컷 자궁에 넣어 자라게 합니다. 임신 기간이 끝나면 세포핵을 준 동물과 같은 유전자를 가진 새끼가 태어나게 됩니다. 돌리 이후 개, 고양이, 돼지, 말, 원숭이 등 복제 동물 수십 종이 탄생했습니다. 이제

복제양 돌리

는 반려동물을 복제해 주는 사업도 등장했습니다.

　과학자들이 동물 복제 기술을 개발하는 이유는 뭘까요? 기본적으로는 의료 부문에 활용하려는 목적이 큽니다. 장기가 손상된 사람들을 위한 이식용 장기를 만들려는 것이죠. 멸종 위기에 놓인 동물을 보존하거나, 이미 멸종한 동물을 복원하는 목적으로 쓰일 수도 있습니다. 실제로 코끼리의 조상인 매머드를 복원하려는 계획이 진행되고 있습니다. 시베리아 영구 동토층에 묻혀 있는 매머드의 몸에서 DNA를 추출해 복제한다는 계획입니다.

　동물 복제가 가능하다면 인간 복제도 가능하지 않을까요? 이

체코 브르노 박물관에 전시된 매머드 모형

론적으로는 얼마든지 가능합니다. 2013년, 미국 과학자들은 인간 배아의 줄기세포를 복제하는 데 성공했습니다. 줄기세포란 간, 심장, 신장 등 여러 신체 조직으로 분화할 수 있는 세포를 말합니다. 줄기세포는 배아 단계에서는 신체의 모든 조직으로, 성체에서는 특정한 조직으로 분화합니다. 배아 줄기세포를 복제했다는 것은 원칙적으로 인간 신체의 모든 장기를 복제할 수 있다는 의미입니다. 과학자들은 치료를 목적으로 이 기술을 연구 개발한 것이지만, 어쨌든 인간 복제가 가능하다는 사실을 확인한 셈이죠. 2017년에는 한국과 미국 과학자들이 유전자 가위 기술로 인간 배아에서 질환 유전자를 교정하는 데 성공했습니다. 그러나 이런 복제와 교정 기술을 인간에게 실행하면 인류 사회가 감당하기 어려운 일이 일어날지도 모릅니다. 과학자들은 일단 여기서 멈췄습니다.

고기를 생산하는 세포 농장

지구촌 인구는 77억 명을 넘어섰습니다. 유엔은 2050년이면 세계 인구가 100억에 가까워질 것으로 봅니다. 그 엄청난 인구를 먹여 살리려면 식량 생산이 크게 늘어나야 합니다. 하지만 경작지를 무한정 늘릴 수도 없는 노릇입니다.

인류가 늘어 가는 식량 수요에 대처해 온 방법은 품종 개량입니다. 전통적인 방법은 인공 교배입니다. 원하는 특성을 지닌 품종과 교배를 시켜 가며, 양과 질에서 우수한 유전 형질을 가진 품종이 나올 때까지 기다리는 것이죠. 원하는 결과가 나오기까지 숱한 실패를 각오해야 합니다. 오랜 시간이 걸리는 방식입니다.

그런데 현대 생명과학의 눈으로 보면 식량도 DNA 유전 정보의 발현체입니다. 생명과학은 이 점을 활용해 전통 개량법과 같은 시행착오 없이 문제를 해결하는 길을 열어 가고 있습니다. 생명과학이 시도하는 방법은 크게 두 가지입니다. 지금처럼 우수한 품종을 새로 만드는 것과, 경작이나 사육 같은 전통 방식이 아닌 새로운 방식으로 식량을 생산하는 것입니다.

첫 번째 방법은 유전자를 변형해 우수한 특성을 지닌 품종을 만드는 것입니다. 가뭄이나 추위 같은 나쁜 기후 조건에서도 잘 자라고, 병충해도 거뜬히 이겨 내는 작물을 개발하는 것이죠. 자연환경이나 병충해에 강한 바이러스 유전자를 작물의 유전자에 심어 만듭니다. 오래 보관할 수 있는 과일, 영양 성분이 더 풍부한 곡물 등 수십 종의 작물이 나와 있습니다.

식물이 아닌 동물에도 이 방법을 쓸 수 있습니다. 이렇게 해서 일반 연어보다 성장 속도가 두 배 이상 빠른 연어가 개발되었습니다. 성장 호르몬을 계속해서 분비하는 유전자를 집어넣어 성장 기간을 3년에서 1년 반으로 단축했죠. 이런 방식으로 만든 동식

물을 'GMO(유전자 변형 생물체)'라고 부릅니다. 봉준호 감독의 영화 〈옥자〉에는 유전자 조작으로 만든 슈퍼 돼지가 등장하는데요. 실제로 한국과 중국 과학자들은 지방이 적고 근육이 20% 더 많은 슈퍼 근육 돼지를 만든 적이 있습니다.

GMO 작물이 본격 재배되기 시작한 것은 1996년부터입니다. 첫 GMO 작물은 콩이었습니다. 이후 불과 20여 년 사이에 유전자 변형 작물은 세계 26개 나라 190만 km^2의 농경지에서 재배될 정도로 널리 퍼졌습니다. 세계 농경지의 10%이며, 한국 땅의 19배나 되는 규모입니다.

콩, 옥수수, 면화, 카놀라가 가장 많이 재배되는 GMO 작물인데요. 콩과 면화는 전체의 70~80%가 GMO 작물이라고 합니다. 우리나라에 수입되고 있는 콩 대부분이 GMO 콩이라고 보면 됩니다. 유전자 변형 작물에 대해서도 찬반 논란이 분분합니다. 생명체를 인위적으로 조작했을 경우, 나중에 부작용이 나타날 가능성을 배제할 수 없다는 생각에서입니다.

또 하나의 방법은 가축을 기르지 않고 생명과학 기술을 이용해 고기를 만드는 것입니다. 이를 대체육이라고 하는데, 여기에도 두 가지 방식이 있습니다. 하나는 식물에서 단백질과 고기 맛을 내는 성분만을 뽑아내는 식물 고기입니다. 이미 몇몇 나라 패스트푸드점에서 팔리고 있습니다. 다른 하나는 가축 몸에서 떼어 낸 근육 줄기세포를 배양해 고기를 만들어 내는 것입니다. 이를 배양 고기라고 부릅니다. 세포 배양 장치가 세포 농장이 되는 셈이죠. 햄버거용 패티, 스테이크, 미트볼, 치킨, 오리고기, 참치회, 연어 등이 이미 개발되어 선을 보였습니다. 아직은 제조 비용이 많이 들지만, 2020년대에는 배양 고기도 식당이나 식료품 가게에 등장할 것으로 보입니다.

그런데 왜 이렇게 어려운 기술을 굳이 개발할까요? 늘어나는 식량 수요에 대응하는 것도 있지만 사실은 지구 환경 문제가 더 큰 이유입니다. 소와 같은 반추 동물은 소화 과정에서 많은 메탄가스를 배출합니다. 메탄은 지구 온난화를 유발하는 온실가스입니다. 석탄이나 석유에서 나오는 이산화탄소보다 온실가스 효과

상용화된 식물성 고기

가 20배 이상 높습니다. 축산업에서 나오는 온실가스는 인류가 경제 활동을 통해 배출하는 전체 온실가스의 15%나 된다고 합니다. 그러니 소고기를 대체육으로 바꾸면 온실가스 배출량을 크게 줄일 수 있겠죠. 물론 대체육을 개발하려는 데에는 동물 생명권을 존중하자는 뜻도 있습니다. 우리가 고기를 먹기 위해선 동물들을 축사나 농장에서 집단 사육한 뒤 도살해야 합니다. 살아 있는 고등 동물을 물건 취급하는 것이죠. 세포를 배양해 고기를 만들면 도살되는 동물을 크게 줄일 수 있습니다.

생물을 합성하는 시대

기존 생명체의 구조를 흉내 내면 이제까지 없던 새로운 유전 정보 결합체도 만들 수 있지 않을까요?

"화학적 합성 게놈이 제어하는 박테리아 세포를 만들다." 2010년 이런 제목의 논문이 발표되었습니다. 이 논문을 실은 과학 잡지는 '인공 세포 창조의 꿈'이 마침내 실현되었다고 보도했습니다. 과학자들이 유전체 전체를 인공으로 만든 건 이때가 처음입니다.

이 연구의 성과는 두 가지입니다. 하나는 자연 상태의 박테리아를 그대로 흉내 낸 게놈을 만들었다는 것. 다른 하나는 이것이 자연 상태의 게놈처럼 번식하는 걸 확인했다는 것입니다. 당시에 합성해 만든 박테리아의 게놈은 108만 염기쌍으로 이루어져 있었습니다. 이 논문은 합성생물학의 본격 시작을 알리는 신호탄으로 평가받습니다. 생명을 인공 수정하고 복제하는 수준에서 한 발 더 나아간 것이죠.

2016년. 과학자들은 생명 유지에 필요한 최소한의 유전자만 지닌 '최소 세포(미니멀 셀)'를 합성하는 연구도 성공했습니다. 지금까지 자연에서 발견된 어떤 것보다 유전체 수가 적다고 해서 붙여진 이름입니다. 이 세포는 473개의 유전자로 구성되었습니다. 합성생물학자들은 2019년 대장균 DNA 구조를 재조합해 새로운 유기체를 만들어 냈는데. 이 유기체의 염기쌍은 400만 개였습니다. 합성생물학은 단순히 복제하거나 부분 재조합하는 차원을 넘어. 전에 없던 새로운 유기체를 만들고 있습니다. 지금은 미생물 단계에 머물러 있지만. 앞으로는 새로운 생명체를 만들려는 도전이 잇따를 것입니다.

과학자들은 게놈을 이리저리 조립하면서 새로운 특성의 물질도 만들어 가고 있습니다. 새로운 의약품이나 식품. 바이오 연료 등을 찾기 위해서죠. 합성생물학은 한 번만 투약하면 끝나는 치료제. 어두운 곳에서 빛을 내 주변을 비춰 주는 발광 식물. 고단백질 열매를 만드는 고기 나무 등 상상에서나 가능했던 것을 실현시킬 수 있습니다. 하지만 이는 양날의 칼이기도 합니다. 새로운 질병을 퍼뜨리는 수단이나 독성이 강한 생물 무기로 쓰일 수도 있으니까요.

2018년. 과학자들은 더욱 야심 찬 계획을 시작했습니다. 지구에 있는 150만여 종의 모든 다세포 생물 유전자 구조를 분석하는 '지구 생물 게놈 프로젝트'입니다. 과학자들은 이 원대한 계획을 10년 안에 마무리하겠다는 포부를 갖고 있습니다. 여기서 얻어지는 생물 게놈 정보들은 새 작물 품종. 신약 개발. 질병 치료. 종의 보존 등에서 큰 역할을 할 수 있습니다.

트랜스휴먼 시대는 어떻게 올까

'신체발부수지부모(身體髮膚受之父母)'라는 옛말이 있습니다. 우리 몸과 털과 살은 부모에게서 받은 것이라는 뜻인데요. 한번 손상되면 되돌릴 수 없으니 소중히 하라는 가르침을 담고 있습니다. 생명과학은 이런 당연한 이치에 도전하고 있습니다. 고장 나거나 다친 몸을 얼마든지 고치고 바꿀 수 있는 길을 열고 있는 것이죠. 여기에 인공지능까지 결합하면 인간은 능력의 한계를 뛰어넘을 수 있을 것입니다. 이런 인간의 삶은 지금과는 전혀 다른 유형의 삶이 되겠죠? 이런 사람을 가리켜 트랜스휴먼 (Transhuman), 또는 포스트휴먼(Posthuman)이라고 합니다.

트랜스휴먼은 '강한 인공지능'을 향해 나아가는 컴퓨터 기술, 강력한 유전자로 치장한 'GMO 사피엔스'를 만들어 내는 생명과학, 그리고 강력한 신체 능력을 갖게 하는 로봇 기술의 합작품입니다. 트랜스휴먼에서 생물학적 인간과 디지털 시스템, 물리적 기계는 하나로 결합됩니다.

1970~80년대 텔레비전에서는 과학기술의 힘으로 초능력을 갖게 된 사이보그들을 다룬 드라마가 인기를 끌었습니다. 사이보그(cyborg)란 사이버네틱(cybernetic)과 오가니즘(organism)을 합친 말이죠. 기계 장치와 생물을 결합했다는 뜻입니다. 자동차보다 빠르게 달리는 '600만 불의 사나이' 오스틴이나, 아주 먼 거리에

서 나는 작은 소리도 들을 수 있는 '바이오닉 우먼' 소머즈는 당시 드라마 속의 대표적인 사이보그들이었습니다. 1990년대 '공각기동대'의 사이보그 첩보 요원인 메이저도 예로 들 수 있습니다. 메이저는 몸이 전부 기계이고, 뇌만 인간인 사이보그죠.

사이보그도 이젠 상상 속의 이야기만은 아닙니다. 현실에서도 트랜스휴먼의 초기 단계로 볼 수 있는 일들이 벌어지기 시작했습니다. 과학자들은 뇌에 컴퓨터 칩을 이식해 생각만으로 로봇 팔을 제어하는 실험을 진행하고 있습니다. 미국에서는 제시 설리반이라는 사람이 이런 로봇 팔을 단 채 살아가고 있습니다. 스웨덴에서는 신분증 역할을 대신하는 마이크로칩을 손등에 이식한 사람이 수천 명에 이릅니다. 영국의 닐 하비슨이란 사람은 색맹으로 태어났습니다. 그러나 2004년부터 색상별 주파수를 탐지해 색깔을 구분해 주는 안테나 센서를 머리에 이식해 살고 있습니다. 2019년 7월, 뇌 이식 칩을 개발하고 있는 미국의 뉴럴링크라는 회사는 라식 수술처럼 간단한 방식으로 수백 개의 가느다란 전극을 뇌에 심을 수 있는 기술을 개발했다고 발표했습니다. 쥐와 원숭이 실험에서 이식한 전극이 정상 작동하는 것을 확인한 이 회사는 앞으로 몇 년 안에 뇌와 컴퓨터 사이에 초당 2기가바이트의 정보가 오가는 것을 다음 목표로 삼고 있습니다.

1998년, 영국의 케빈 워릭 교수는 자신의 왼팔에 칩을 이식해 자기 집과 연구실 문을 자동으로 여는 장치로 활용하는 실험을

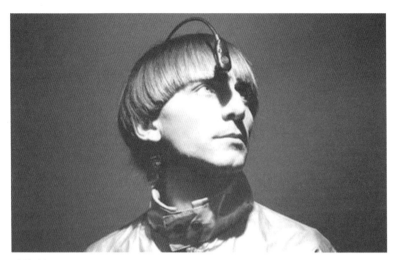

닐 하비슨

했습니다. 그는 자신의 경험을 담은 《나는 왜 사이보그가 되었는가》라는 책에서 "우리 인간이 아주 오래전 침팬지에서 분리되었던 것처럼 사이보그도 인류에게서 분화될 수 있다."면서 "그냥 인간으로 남기를 원하는 사람은 '미래 세상의 침팬지'로 전락할지도 모른다."고 사이보그 예찬론을 펼칩니다.

인간은 지구를 떠나서는 생존할 수 없습니다. 몸이 지구 환경에 맞춰 적응했기 때문입니다. 트랜스휴먼을 추구하는 사람들은 이를 뛰어넘으려 합니다. 우주의 강력한 방사선과 희박한 대기, 엄혹한 기후 조건을 견뎌 낼 수 있는 신체 능력을 확보하게 된다면 우주 생활도 가능할 것입니다. 그렇게 된다면 인류는 지구가 아닌 우주의 생물종으로 변신할 것입니다. 아직은 상상 속의 일들이지만. 우주의 눈으로 세상을 보면 도전해 볼 가치가 있습니다. 그런 면에서 4차 산업혁명이라는 이름으로 지금 우리가 목격하고 있는 놀라운 기술 변화는 그 먼 미래로 가는 아주 작은 발걸음에 불과할지도 모릅니다.

생명과학이 나아갈 길은?

생명과학은 유전자를 '읽는(reading)' 시대를 지나 유전자를 '쓰는(writing)' 시대를 열었습니다. 영어 공부에 비유하면 문법을 익혀 글을 읽고 이해하는 단계를 졸업하고, 직접 작문을 하는 단계로 나아간 셈입니다. 생명 정보를 담고 있는 유전체를 마음대로 조작할 수 있는 기술을 확보했으니, 인간은 이제 조물주의 경지에 오르는 것일까요? 유전자 변형 인간. 즉 GMO 사피엔스 시대가 오면 인간은 자연 선택에 의한 진화에서 벗어나 스스로 진화의 방향을 선택할 수 있을까요?

하지만 생명의 세계는 단순히 생명을 구성하는 부분들을 합친 것과는 다릅니다. 유전자들을 자르고 붙이고 뒤섞은 다음에 어떤 일이 발생하는지 알고 있다고 자신할 수 없습니다. 생명의 세계는 오묘합니다. 그런 까닭에 인위적인 유전자 조작이 위험하다고 생각하는 사람들이 많습니다. 언젠가는 부작용이 나타날 수 있다는 겁니다.

실제로 지난해 중국에서 유전자 편집을 통해 태어난 아기의 경우, 나중에 돌연변이를 일으켜 일찍 사망할 가능성이 높다는 연구 결과가 나왔습니다. 섣부른 유전자 조작은 인간을 실험 도구로 쓰는 잘못을 범할 수 있습니다. 어떤 항생제를 써도 듣지 않는 슈퍼 박테리아가 잇따라 출현하고 있는 것도 생명과학의 부작용 사례로 볼 수 있습니다. 유엔은 항생제 오남용으로 2050년쯤에는 한 해에 1천만 명이 슈퍼 박테리아의 공격을 받아 목숨을 잃을 수도 있다고 경고합니다. 유전자 변형 작물도 비슷합니다. 해충에 견뎌 내는 작물을 만들면, 이를 다시 이겨 내는 슈퍼 해충이 등장할 수 있습니다. 생태계는 그만큼 역동적이고 복잡합니다.

더구나 생명과학을 나쁜 목적에 쓰면, 인류 사회에 돌이킬 수 없는 해를 끼칠 수 있습니다. 치명적인 바이러스로 만든 무기는 핵무기 이상으로 세상을 파괴할 수 있습니다.

그리스 신화에서 프로메테우스는 제우스 신의 명령을 어기고 불을 훔쳐 인간에게 가져다주었습니다. 제우스는 그 벌로 프로메테우스와 인간 세계에 각각 다른 형벌을 내렸죠. 프로메테우스에게는 절벽에서 독수리에게 간을 쪼여 먹히는 형벌을 내렸습니다. 인간에게는 아름다운 여성 판도라를 보내 고통과 불행이 가득 찬

상자를 열도록 했습니다. 프로메테우스는 훗날 헤라클레스의 도움으로 독수리 형벌에서 벗어났습니다. 그렇다면 생명과학은 프로메테우스를 수천 년 형벌에서 구해 준 헤라클레스가 될까요. 아니면 인간 세계를 불행에 빠뜨린 판도라의 상자가 될까요? 어떤 길을 가고 무엇이 될지는 우리가 생명과학 기술을 어떻게 쓰느냐에 달려 있습니다.

이제 질문을 던져야 할 시간입니다. 사람을 대상으로 한 유전자 연구는 어디까지 허용해야 하며. 그 기술은 어디까지 적용해야 할까요? 그

프랑스 조각가 피에르 르와송의
<판도라> (1861)

로부터 얻는 효과와 지켜야 하는 생명 윤리. 이 둘 가운데 어느 것이 더 중요할까요? 생명 윤리는 인간만이 아니라 동물에게도 적용해야 할까요? 미생물의 개발과 이용은 어디까지 허용해야 할까요?

2050년 사이보그 세상에 대한 상상

2050년에는 사이보그가 어떤 형태로 존재할까요? 수십 년 뒤의 모습을 상상하기는 어렵습니다. 《나는 왜 사이보그가 되었는가》의 저자인 케빈 워릭 교수는 사람들의 두뇌가 무선 장치를 통해 중앙 컴퓨터 네트워크에 연결된 사이보그들의 시대가 될 것이라고 말합니다. 열렬한 사이보그 예찬론자가 펼치는 2050년 사이보그 세상으로 잠시 가 볼까요?

사람들은 생각만으로 의사소통을 할 수 있습니다. 주로 생각으로 대화하다 보니 말하는 방법은 상당히 잊어버렸습니다. 말은 사라져 가는 언어 형태로 전락하고 말았습니다. 당연히 전화는 구시대 유물이 되었습니다. 비디오도 사라졌습니다. 볼거리를 뇌에 바로 내려받기 하면 되니까요. 20세기를 밝힌 수많은 발명품들이 이제 쓸모없게 되어 버렸습니다. 사이보그는 초지능을 가능하게 하는 네트워크의 도움으로 수백 가지 차원으로 생각하고, 완전히 새로운 우주 이론까지 이해할 수 있는 능력자로 변신했습니다.

식생활에도 근본적인 변화가 왔습니다. 사이보그의 음식 섭취량은 종래의 인간보다 상당히 낮습니다. 물리적 동작이 예전만큼 중요하지 않기 때문입니다. 과식도 더는 문젯거리가 되지 않습니다. 지능 기계가 적합한 음식을 적절한 양만 먹도록 뇌를 유도하기 때문이죠. 특히 뇌에 이식된 '슬림 플랜트'라는 작은 칩이 몸의 생체 정보를 파악해 무엇을 먹어야 할지 지침을

내려줍니다. 심장 박동, 혈압, 체온 등 신체 기능을 실시간으로 파악하고 관리해 주는 '진네트워크(genetwork)' 칩도 있습니다. 이 두 가지 칩은 패키지로 구성되어 있는데요. 여기엔 생각을 입출력하는 의사소통 포트와 자극과 흥분을 관리하는 포트가 포함되어 있습니다. 이 포트를 이용하면 두뇌를 자극하는 것만으로도 각종 쾌락을 경험할 수 있습니다. 사이보그 기술이 게놈 프로젝트와 결합되면서 완벽한 아이 출산을 위한 유전자 결혼상담소도 등장했습니다. 사이보그가 범죄를 저지르려 하면 네트워크가 이를 사전에 감지해 막아 버립니다. 범죄는 오로지 두뇌 기능에 오류가 일어난 돌연변이 사이보그를 통해서만 이루어집니다.

워릭 교수는 2050년에는 많은 사람들이 반은 기계, 반은 인간이라는 사이보그의 정체성을 받아들이게 될 거라고 말합니다. 사이보그를 받아들이는 데서 오는 이득이 훨씬 크기 때문이라는 거죠. 그는 앞으로 사이보그가 될지, 인간으로 남아 있을지를 선택하는 세상이 올 것으로 예측합니다. 그리고 그때 인간으로 남기를 선택하는 건 하위 종족으로 남기를 원하는 것이라고 말합니다. 과연 그런 날이 올까요?

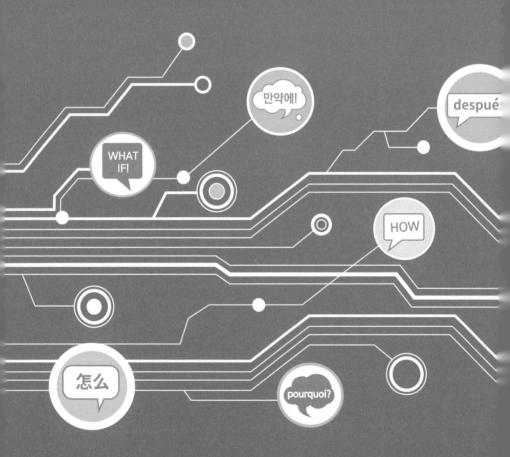

미래를 어떻게 준비할까?

질문하는 힘

"미래를 준비하지 않는다면
다른 누군가 당신의 미래를 좌우할 것이다."
_앨빈 토플러(미래학자)

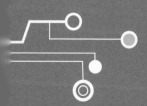

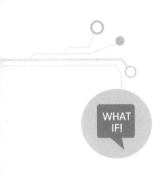

붉은 여왕은 계속해서 "더 빨리! 더 빨리!"라고 소리쳤다. ······그런데 이상하게도 주변에 있는 나무며 다른 것들의 위치가 전혀 바뀌지 않았다. ······여왕은 다시 소리쳤다. "더 빨리! 아무 말 하지 말고!" 앨리스는 왜 빨리 달려야 하는지 알 수가 없었다. 숨이 목까지 차올랐다. ······"이제 조금 쉬도록 하렴." 앨리스는 깜짝 놀라며 주위를 둘러보았다. "어머나. 우리가 계속 이 나무 아래에 있었던 건가요? 모든 것이 아까와 똑같은 자리예요!" "여기에서는 같은 자리를 지키고 있으려면 계속 달릴 수밖에 없단다. 어딘가 다른 곳에 가고 싶다면. 최소한 두 배는 더 빨리 뛰어야 해!".

19세기 후반 영국의 동화 작가 루이스 캐럴이 《이상한 나라의 앨리스》 다음 작품으로 쓴 《거울 나라의 앨리스》에 나오는 장면입니다. 살아남기 위해 서로 쫓고 쫓기는 생태계의 모습을 연상시키죠. 이런 상황을 '붉은 여왕 효과'라고 부릅니다. 21세기를 살아가는 우리가 처해 있는 현실도 이 장면을 빼닮았습니다. 현대인은 학교에서나 일터에서나 '더 빨리 달리라'는 '붉은 여왕'의 경고를 늘 듣고 삽니다. 앨리스처럼 죽어라 앞으로 달려야 하죠. 숨이 차서 잠시 쉴라치면 곧바로 뒤로 처지는 세상입니다. 하루가 다르게

《이상한 나라의 앨리스》

쏟아지는 새 기술과 제품, 정보 앞에서 우물쭈물하다가는 구닥다리가 되어 버리고 맙니다. 마치 멈추지 않는 러닝머신 위를 달리는 듯한 신세입니다.

이렇게 앞으로 달려서 도착하는 곳은 어디일까요? 미래(未來)입니다. 미래는 말 그대로 '아직 오지 않은' 시간입니다. 그러나 누구에게나 미래는 있습니다. 과연 미래는 어떤 모습으로 나타날까요? 궁금하기도 하고 불안하기도 합니다. 미래는 지금보다 나은 세상이 될까요? 미래의 나는 무엇을 하고 있을까요? 나의 꿈대로 살 수 있을까요? 아무도 장담할 수 없습니다. 하지만 분명한 사실은 있습니다. 가만히 있는 사람의 미래와, 무엇인가를 골똘히 궁리하며 준비하는 사람의 미래는 다르다는 것이죠.

새로운 일자리가 생겨난다

기술은 일자리를 빼앗기도 하고 만들어 내기도 합니다. 새로운 기술은 많은 직업을 사라지게 하겠지만, 새로운 직업들을 만들어 낼 것입니다. 당장 피부로 느끼는 건 사라지는 일자리들입니다. 1950년대 한국의 농가 인구는 70%를 웃돌았습니다. 지금은 5%에 불과합니다. 지금 초등학생들의 65%는 아직 등장하지 않은 직업에서 일하게 될 것이라는 전망도 있습니다.

4차 산업혁명의 주역이라 할 인공지능 기술은 일자리에 어떤 영향을 미칠까요? 2013년 9월, 영국 옥스퍼드대학의 미래 연구 기관인 옥스퍼드 마틴스쿨에서 충격적인 논문이 나왔습니다. 논문 제목은 〈고용의 미래: 자동화가 일자리에 끼치는 영향〉입니다. 미국의 702가지 직업을 분석한 결과, 앞으로 20년 안에 미국 내 모든 직업의 47%가 자동화의 영향으로 사라질 가능성이 있다는 내용입니다.

일자리의 절반이 20년 안에 사라질 수도 있다고요? 찬반 격론이 벌어졌습니다. 4차 산업혁명을 다룬 2016년 세계경제포럼에서는 5년 안에 15개 나라에서 500만 개의 일자리가 사라질 거라는 또 다른 경고가 나왔습니다.

한국이라고 예외는 아니겠지요? 2017년, 한국고용정보원이 〈기술 변화에 따른 일자리 영향 연구〉라는 제목으로 보고서를 냈

물류 자동화 시스템

습니다. 인공지능과 로봇 기술 발전으로 인해 2025년이 되면 국내 취업자의 61%가 일자리를 잃을 수 있다는 내용입니다. 61%라면 1,600만 명 이상이 일자리 위기에 처해 있다는 뜻입니다. 엘지경제연구원은 옥스퍼드 마틴스쿨의 분석 기법을 활용해 일자리의 43%가 자동화 고위험 군에 속한다는 분석 결과를 내놓았습니다.

대부분의 연구는 사무 행정직이나, 단순 반복 육체노동을 하는 직종에서 일하는 사람들이 밀려날 가능성이 높다고 지적합니다.

자동화 가능성이 높은 일반 사무직

물론 이것은 자동화 기술과 업무 특성만을 비교해 평가한 것입니다. 기술이 실제로 일자리에 영향을 끼치는 정도는 이런 추정과는 달리 진행됩니다. 산업 현장에서 기업들이 기술 도입에 얼마나 적극적인지. 일자리를 잃을 사람들의 반발은 어느 정도인지. 자동화로 실직한 사람들의 이후 생활이나 재취업 문제는 어떻게할 것인지 등등 여러 변수에 따라 크게 달라집니다.

하지만 기술 혁신이 일자리를 빼앗기만 하는 것은 아닙니다. 디지털 기술은 인공지능. 인터넷. 데이터 같은 다양한 분야에서 일자리들을 만들어 내고 있으니까요. 게임을 예로 들어 보겠습니다. 컴퓨터가 등장하기 전 아날로그 시대의 어린이들은 오늘날과 같은 컴퓨터 게임은 생각지도 못했겠죠. 놀이 도구도 매우 단순했습니다. 고무줄놀이를 하려면 고무줄만 있으면 되었으니까요. 놀이 구역은 나뭇가지로 땅에 금을 그으면 끝입니다. 딱지치기에는 딱지만, 팽이 놀이를 하는 데에는 팽이만 필요했습니다. 그런 도구를 만드는 일에는 많은 사람이 필요하지 않습니다. 그런데 컴퓨터 게임을 만드는 일은 간단하지 않습니다. 여러 분야의 전문가들이 필요합니다. 언뜻 생각만 해도 스토리를 쓰고, 캐릭터를 만들고, 캐릭터에 옷을 입히고, 또 이를 동작화하고 목소리를 넣는 사람들이 있어야 합니다. 게다가 이 복잡한 제작 과정을 총괄 지휘하는 사람도 필요합니다.

고무줄놀이와 컴퓨터 게임 사이에는 눈여겨보아야 할 변화가 있습니다. 새로운 놀이는 이전과 성격이 완전히 달라졌다는 사실입니다. 놀이가 오락에서 산업으로 위상이 달라진 것이죠. 기술이 발전하고 생활 문화가 달라지면서 새로운 산업이 탄생한 것입니다. 새로운 기술은 인간의 욕망을 자극해 새로운 수요를 만들어 내고, 새로운 수요는 새로운 산업을 만들어 냅니다. 모든 산업은 인간의 욕망 충족을 위해 생겨난 것입니다.

자동화의 영향으로 한 일자리에서 필요한 사람의 수는 줄어들 가능성이 큽니다. 그러나 기술의 발전, 생활 방식과 가치관의 변화는 인간의 욕망을 더 다양하게 분출하게 합니다. 이것이 새로

자동화 위험이 높은 직업과 낮은 직업

(자료 : 엘지경제연구원, 2018)

자동화 위험이 높은 상위 20대 직업	자동화 위험이 낮은 하위 20대 직업
통신 서비스 판매원	영양사
텔레마케터	전문 의사
인터넷 판매원	장학관·연구관 및 교육 관련 전문가
사진 인화 및 현상기 조작원	교육 관리자
관세사	보건 의료 관리자
무역 사무원	중고등학교 교사
전산 자료 입력원 및 사무 보조원	학습지 및 방문 교사
경리 사무원	컴퓨터 시스템 설계 및 분석가
상품 대여원	특수교육 교사
표백 및 염색 관련 조작원	약사 및 한약사
신발 제조기 조작원 및 조립원	기타 전문 서비스 관리자
고무 및 플라스틱 제품 조립원	컴퓨터 강사
가구 조립원	기타 종교 관련 종사자
기타 목재 및 종이 관련 기계 조작원	성직자
구두 미화원	화학공학 기술자 및 연구원
출납 창구 사무원	섬유공학 기술자 및 연구원
운송 사무원	가스 에너지 기술자 및 연구원
섬유 제조 기계 조작원	연구 관리자
회계사	건축가 및 건축 공학 기술자
세무사	환경 공학 기술자 및 연구원

운 일자리로 이어지는 것이죠. 컨설팅업체 가트너는 인공지능이 180만 개 일자리를 없애는 동안 230만 개의 일자리가 새로 생길 거라는 전망을 내놓기도 했습니다.

예를 들어볼까요? 연구 기관들이 새롭게 일자리가 늘어날 것으로 꼽는 분야 가운데 돌봄 서비스가 있습니다. 돌봄 서비스가 늘어나는 것은 급속한 인구 고령화 영향이 큽니다. 기술이 발전하고 고령자가 많아지면, 돌봄 서비스 유형도 갈수록 다양해질 것입니다. 또한 서비스마다 인력과 함께 로봇도 필요합니다. 돌봄 서비스 로봇을 기획해 설계하고 제작하고 배정, 관리하는 사람도 필요합니다. 이제까지 없던 돌봄 서비스 관련 수요가 생기면서 새로운 일자리의 사슬이 만들어지겠죠.

배우고 또 배우는 평생 학습 시대

기술 발전이 인간의 일자리를 줄일 거라는 생각은 산업혁명 초기부터 지속된 걱정입니다. 산업혁명 초기인 1811년, 영국 노동자들이 러다이트 운동을 일으켰습니다. 대량 생산을 가능케 한 기계 때문에 일자리를 잃게 되었다고 여긴 직물 노동자들이 방직기를 파괴한 것이죠.

그런가 하면 세계 대공황이 심각하던 1930년, 경제학자 존 메이너드 케인스는 신기술이 '기술적 실업' 시대를 열 것이라고 예측했습니다. 당시 세계 인구는 20억 명이었습니다. 그 뒤 인구가 77억 명으로 네 배 가까이 늘었지만, 케인스의 예측은 빗나갔습니다. 경제 성장과 함께 새로운 산업과 일자리가 꾸준히 생겨나

19세기 초반 영국 노동자들의 기계 파괴 운동

기술적 실업의 공백을 메꾸었고, 늘어난 인구에 일자리를 공급했으니까요. 지난 25년 동안 미국에서 생겨난 새로운 일자리의 약 3분의 1은 그 전에는 존재하지 않았거나 미미해 보이던 것들이었다고 합니다.

현재 일자리 걱정의 최대 요인은 인공지능과 로봇에 의한 자동화입니다. 정보 산업이나 제조업뿐만 아니라 일반 관리, 운전

등 대부분의 업무에 컴퓨터 시스템이 도입되고 있습니다. 그런데 자동화의 영향은 전문가보다 비전문가, 부자보다 가난한 사람, 선진국보다 개발도상국에 더 위협적입니다. 단순하고 반복적인 일일수록 자동화 가능성이 크기 때문입니다. 자동화로 전환하는 비용이 직원에게 임금을 지불하는 것보다 유리하다는 판단이 들면, 기업가들은 앞다투어 자동화 시스템 도입을 서두르겠죠. 빠르고 정확하게 작동하는 자동화 시스템은 질 좋은 제품과 서비스를 사람보다 저렴하게 제공할 수 있습니다. 이런 세상에서는 복잡하고 똑똑한 기계를 다룰 수 있는 능력을 갖춘 소수 전문가들의 몸값이 높아질 것입니다. 자동화 확산은 계층 또는 국가 사이의 격차를 더 벌릴 수 있습니다.

그럼 우리는 어떻게 해야 할까요? 이제 자료를 찾아내고 분석하는 일은 사람이 인공지능 컴퓨터를 따라갈 수 없습니다. 아무리 뛰어난 천재도 컴퓨터의 검색과 연산 능력을 넘어서지 못합니다. 미래 세상에 살아남기 위해서는 인공지능 컴퓨터와의 공존이 불가피합니다. 21세기 문명을 누리는 인류의 숙명입니다.

그러자면 디지털 기술에 대한 이해력을 갖춰야 합니다. 신기술을 이해하는 사람과 그렇지 못한 사람의 격차는 갈수록 벌어질 것입니다. 학생 시절에 한 공부만으로는 기술 변화 속도를 따라갈 수 없습니다. 30년 후, 아니 10년 후의 세상 변화를 예측하기가 어려운 시대입니다. 이런 시대의 가장 기본적인 생존법은

케네디우주센터에서 화성 가상 여행을 체험하고 있는 아폴로 11호 우주비행사 버즈 올드린

평생 학습입니다. 평생 학습은 하루가 다르게 변해 가는 세상에서 뒤처지지 않는 힘을 갖게 해 줄 것입니다.

질문하는 힘을 키우자

"어려운 일은 쉽고, 쉬운 일은 어렵다."

말장난처럼 들리는 이 경구는 미국의 로봇 공학자 한스 모라벡의 말입니다. 인간에게 어려운 것은 컴퓨터에 쉽고, 인간에게 쉬운 것은 컴퓨터에 어렵다는 뜻입니다. 실제로 계산이나 암기는 인간이 컴퓨터를 도저히 따라갈 수 없는 수준으로 격차가 벌어졌습니다. 하지만 걷고 뛰거나 몸 균형 잡기 같은 동작은 인간에게 쉽지만 컴퓨터에게는 여전히 무척 어려운 일입니다. 가장 뛰어난 로봇도 뒤뚱거리고 넘어지기 일쑤입니다. 그러나 로봇의 능력도 하루가 다르게 발전하고 있습니다. 수십 개의 관절이 있어 흉내 내기가 무척 까다로운 인간의 손동작도 제법 따라 할 줄 아는 단계에 이르렀습니다.

변화의 물결을 헤쳐 나가려면 인공지능이나 로봇과 경쟁해서는 안 됩니다. 인공지능이 할 수 없는 것, 기계가 할 수 없는 것에 주력해야 합니다. 이런 영역에서 자신의 잠재 능력을 최대한 끌어올리는 것이 4차 산업혁명 시대를 살아가는 최고의 생존법입니다. 그럼 인공지능이 넘볼 수 없는 것이 무엇일까요? 바로 인간의 정신세계입니다. 호기심, 상상력, 창의력, 목표 의식, 욕망 등 인간의 고유 가치를 높이는 정신 능력의 용광로에 불을 지펴야 합니다.

인공지능 시대에 필요한 정신 능력은 무엇일까요? 여러 가지가 있겠지만, 나는 '질문하는 힘'을 첫손에 꼽고 싶습니다. 질문하는 힘은 현상을 그대로 받아들이지 않고 이모저모 뜯어보려는

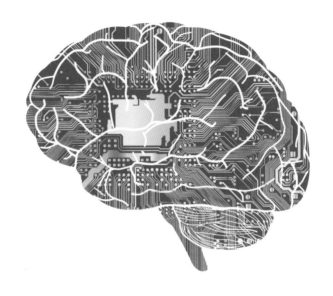

호기심에서 나옵니다. 어떤 사안에 부닥치면 '왜(Why)', '어떻게 (How)', '다음엔(Next)'이라고 묻는 습관을 가져 보기 바랍니다. 여기에 '만약에(What if)'라는 가정법 질문까지 더하면 질문의 힘을 더 단련시킬 수 있습니다. 예컨대 우리가 늘 갖고 다니는 스마트폰에 대해 이 질문들을 던져 봅시다. 스마트폰은 왜 네모 모양일까? 접어 다니거나 말아서 갖고 다니면 어떨까? 같은 기능을 하면서도 스마트폰보다 더 간편한 제품은 없을까? 만약에 스마트폰이 없다면 이 세상은 어떻게 되었을까?

특히 '만약에'라는 가정법 질문은 세상을 전혀 다른 각도에서 생각하게 해 줍니다. 만약에 지구의 얼음이 모두 녹아 버린다면?

100살까지 계속 일해야 한다면? 석유가 사라진다면? 발상의 전환을 통해 새로운 가능성을 들여다보게 하는 질문이죠. 지나간 역사에는 가정이 통하지 않지만. 아직 오지 않은 미래는 숱한 가정을 토대로 세워집니다.

질문을 하다 보면 비판적으로 생각하는 힘이 커집니다. 창의력도 이런 사고의 연장선에 있습니다. 질문하는 힘 앞에서 케케묵은 고정 관념은 설 자리가 없겠죠?

질문이 정해지면 답을 찾는 과정에서 인공지능의 도움을 받을 수 있습니다. 빅데이터가 넘쳐나는 세상에서 질문에 대한 답을 찾는 건 좋은 질문을 만들어 내는 것보다 의외로 쉬울 수 있습니다. 아인슈타인은 어린 시절에 "빛의 속도로 여행을 하면 무엇을 볼 수 있을까?"라는 질문을 자신에게 던졌다고 합니다. 이런 질문이 쌓이고 쌓여 훗날 상대성 이론을 탄생시킨 것이죠.

좋은 질문은 어떤 것일까요? 미국의 과학기술 사상가 케빈 켈리는 자신이 생각하는 좋은 질문의 기준을 제시했습니다. 정답을 원하지 않는 질문. 즉시 답할 수 없는 질문. 기존의 답에 도전하는 질문. 듣기 전까지는 생각도 못 한 질문. 다른 많은 좋은 질문을 낳는 질문. 인간 존재의 의미를 묻는 질문 등이 그가 말하는 좋은 질문들입니다.

좋은 질문을 통해 단련한 비판적 사고력은 소통 능력을 키워 줍니다. 생각의 핵심을 정확하게 전달할 수 있는 능력이 길러지기 때문이죠. 비판적 사고력은 정보의 바다를 헤쳐 가는 법도 알려 줍니다. IBM은 세계에서 하루에 쏟아지는 데이터가 무려 2.5 퀸틸리언(250경=2,500,000,000,000,000,000)바이트라는 추정치를 몇 년 전에 내놓은 적이 있습니다. 비판적 사고는 이렇게 날마다 추가되는 방대한 정보 중에서 질을 따져 진짜와 가짜, 쓸모 있는 것과 쓸모없는 것을 가려낼 수 있게 합니다. 급변하는 세상에 휘둘리지 않고 자신의 중심을 잡을 수 있는 힘도 여기에서 나옵니다. 가짜 뉴스에 속지 않으려면 가짜를 판별하는 소프트웨어에 의존할 게 아니라, 비판적 사고력에서 나오는 분별력을 갖추어야 합니다.

그런데 좋은 질문은 백지상태에서 나오지 않습니다. 좋은 질문을 위해선 질문을 만들 수 있는 지식이 있어야 합니다. 상대성 이론을 탄생시킨 아인슈타인이 어린 시절에 품었던 질문도 빛에 대한 사전 지식이 있었기에 가능했겠죠.

지식은 학습과 체험을 통해 쌓입니다. 깊은 사고력이 담겨 있는 고전 작품, 풍부한 상상력이 담긴 예술 작품은 지식을 쌓는 튼튼한 바탕이 됩니다. 지금 내가 살고 있는 곳을 떠나 여행을 하며 많이 보고 듣는 것도 좋은 지식 재료입니다.

이렇게 해서 채운 지식 창고는 좋은 질문을 낳고, 좋은 질문은 새로운 아이디어를 낳습니다. 지식 창고가 풍성할수록 아이디어의 질이 좋아지고, 학습과 체험이 다양할수록 질문의 내용이 다

채로워집니다. "모든 창의적 작업은 이전 작업 위에서 이뤄진다. 완전히 새로운 것은 없다."《훔쳐라, 아티스트처럼》의 저자 오스틴 클레온이 전하는 말입니다. 4차 산업혁명 시대의 가장 강력한 무기는 창의력입니다. 그런데 창의력은 그동안 쌓은 지식과 '질문하는 힘'의 조합에서 나옵니다. 창의력은 지식 나무에 '질문하는 힘'이라는 물을 주어 뻗어 나가는 가지라고나 할까요.

사회는 다양한 이해관계를 가진 사람들로 이루어져 있습니다. 사회가 변화하면 그 과정에서 이득을 얻는 사람과 그렇지 않은 사람이 생겨납니다. 4차 산업혁명 시대의 승자와 패자는 누가 될까요? 나는 어느 편에서 살아가게 될까요? 변화의 시대를 헤쳐가는 첫걸음은 '질문하는 힘'을 키우는 것입니다.

2020년대의 유망 직업 다섯 개

여러분 가운데 상당수는 아직 등장하지 않은 직업에서 일하게 될 것입니다. 새로운 기술은 새로운 직업을 만들어 내기 때문이죠. 어떤 직업들이 등장할 것이며, 그 일을 하려면 어떤 준비를 해야 할까요? 마이크로소프트가 기술 예측을 토대로 제시한 2020년대의 신종 유망 직업 다섯 개를 소개합니다. 2025년을 염두에 둔 예측입니다. 이를 통해 두 질문에 대한 해답을 찾아보세요.

첫째는 가상 공간 디자이너(Virtual Habitat Designer)입니다. 가상현실 기술이 어느새 성큼 다가왔습니다. 곳곳에 가상현실 체험관이 들어서고 있습니다. 가상현실 놀이 기구도 생겼죠. 2020년대에는 가상현실 기술이 더욱 정교해질 것입니다. 실제와 다름없는 가상 미술관이나 축구 경기장, 유적지 등에서 현장에 가지 않고도 실제와 거의 똑같은 감흥을 경험할 수 있을 것입니다. 이때 필요한 것이 다양한 형태의 새롭고 흥미로운 가상 공간을 디자인하는 능력입니다. 가상 공간 디자이너가 되려면 건축 지식, 이야기 구성 능력, 인지심리학, 행동과학 분야의 지식이 필요할 것입니다.

둘째는 기술 윤리 변호사(Ethical Technology Advocate)입니다. 인공지능과 로봇이 판치는 세상이 되면 로봇 기술을 잘 아는 전문가 수요가 늘 것입니다. 그러나 사람과 로봇 사이의 충돌을 막고 협력의 효과를 내게 하는 사람도 필요합니다. 이런 역할을 하는 사람이 기술 윤리 변호사죠. 이들은 로봇을 이용하는 기업이나 정부에 어떤 로봇을 허용하고, 금지시켜야 할지 결정하는 데 도움을 줍니다. 이들의 주된 업무는 로봇과 로봇 제작업체가 지켜야 할 도덕과 규칙을 정해 주는 것이죠. 비판적 사고력은 필수이고, 커뮤니케이션과 철학과 윤리학 공부도 중요합니다.

셋째는 디지털 문화 해설가(Digital Cultural Commentator)입니다. 디

지털 문화가 확산되면서 소통 수단이 문자에서 이미지로 넘어가고 있습니다. 이제 웬만한 감정 표현은 이모티콘 하나로 가능합니다. 미래에도 살아남으려는 브랜드들은 영상에 익숙한 디지털 세대와 대화하는 방법을 찾아내야 합니다. 단순하고 강력한 이미지를 활용해 복잡하고 낯선 것들을 일반인들이 쉽게 이해하게 돕는 사람이 바로 디지털 문화 해설가입니다. 이 일을 하려면 예술에 대한 이해가 높아야겠죠? 글쓰기, 마케팅, 홍보 기술까지 공부한다면 더 바랄 게 없겠습니다.

넷째는 사물인터넷 데이터 분석가(IoT Data Creative)입니다. '구슬이 서 말이라도 꿰어야 보배'라는 말이 있죠. 사물인터넷 세상에서는 빅데이터를 이리저리 조합하고 분석해 의미 있고 쓸모 있는 것을 찾아내는 사람이 필요합니다. 이런 사람이 되려면 세 가지 능력이 중요합니다. 중요한 것과 그렇지 않은 것을 가려내고, 예리한 질문을 할 줄 알며, 멋진 이야기를 구성하는 능력입니다.

다섯째는 프리랜스 바이오해커(Freelance Biohacker)입니다. 전문 연구 기관에 소속되지 않고도 생명과학 연구 활동을 하는 아마추어 시민 과학자입니다. 모든 세상이 온라인에 연결되고, 공개적으로 활동하는 온라인 커뮤니티가 확산되면서 가능해진 일이죠. 이미 전 세계 바이오해커 그룹이 100여 개에 이릅니다. 이들은 연구 기관들이 타산이 맞지 않아 포기한 프로젝트를 맡아 연구를 진행합니다. 유전자 편집 기술의 신기원을 연 '크리스퍼-카스나인'도 이런 과정을 거쳐 탄생했다고 합니다. 2020년대에는 시민 과학이 취미 단계를 벗어나 독립적 경력으로 인정받는 단계로 나아갈 수 있을 것으로 보입니다. 그러나 통제되지 않은 바이오해커 집단에서 생물 무기 같은 위험한 물질이 생산될 가능성도 무시할 수 없습니다. 그러니 바이오해커를 꿈꾼다면 확고한 생명윤리 의식을 갖춰야 하겠죠.

8

모험가 3대에게 배운다

미래인의 삶

"개척자는 새로운 생각을 하는 사람이 아니라,
스스로 많은 모래주머니들을 밖으로 던질 수 있는 사람이다."
_베르트랑 피카르(모험가)

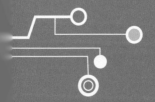

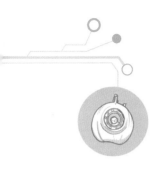

미래를 생각하는 사람은 꿈을 꿉니다. 그 미래는 지금보다 나은 세상입니다. 하지만 꿈만 꾼다면 미래인이 아닌 공상가로 불릴 것입니다. 단순히 '성공'이라는 이기적인 미래를 꿈꾼다면 오히려 눈총을 받을 수도 있습니다. 미래인은 나만이 아닌 우리 사회와 인류에게 더 나은 세상을 꿈꿉니다. 꿈을 실현하는 방법을 생각하고, 이를 구체적인 행동으로 실천해 갑니다. 상상력과 실천력과 휴머니즘. 이 삼박자를 갖추었다면 진정한 미래인이라고 불러도 손색이 없겠죠.

이런 자질을 고루 갖춘 미래인을 찾기는 쉽지 않습니다. 그런데 무려 3대에 걸쳐 이런 삶을 실천하고 있는 사람들이 있습니다. 스위스의 과학 모험가 피카르 집안 사람들입니다. 이들은 더 나은 세상을 만들기 위해 죽음의 위험까지 무릅쓴 모험을 마다하지 않았습니다. 세기를 넘어 이어지고 있는 피카르 집안의 모험에는 인류의 삶의 질을 높이겠다는 뚜렷한 목표가 있습니다.

2016년 7월 26일에 사상 첫 태양광 비행기 세계 일주 기록을 세운 베르트랑 피카르(Bertrand Piccard, 1958~)는 이 집안의 3대입니다. 그는 동료와 번갈아 조종간을 잡으면서, 기름 한 방울 쓰지 않고 태양광 에너지만으로 지구를 한 바퀴 돌았습니다. 2015년 3월 9일 아랍에미리트의 아부다비 공항을 출발한 지

베르트랑 피카르

1년 4개월(505일) 만이었습니다. 그는 비행하는 동안 냉난방 장치도, 만약의 사태에 대비한 보조 연료도 없이 극한의 환경을 견뎌야 했습니다. 마지막 비행은 섭씨 50도가 넘는 폭염 속에서 강행했습니다. 총 비행 거리 4만 3천 km, 총 비행시간은 557시간 남짓이었습니다.

베르트랑은 왜 태양광 비행기 세계 일주에 도전했을까요? 단순히 모험심을 시험하기 위해서였을까요? 아닙니다. 화석 연료에 대한 경각심을 일깨우기 위해서였습니다. 화석 연료는 기후

변화의 최대 주범으로 꼽힙니다. 그는 태양광 비행기로 세계 일주를 할 수 있다면, 태양광이라는 청정에너지가 얼마나 쓸모 있는지를 극적으로 알릴 수 있다고 생각했습니다.

가장 높이 날고, 가장 깊이 내려간 할아버지

베르트랑 피카르의 이런 모험심과 사명감은 어느 날 하늘에서 뚝 떨어진 것이 아닙니다. 할아버지 대부터 이어진 집안의 소중한 전통입니다. 할아버지 오귀스트 피카르(August Piccard, 1884~1962)는 물리학자이자 발명가이자 탐험가였습니다. 1931년, 그는 직접 개발한 기구를 타고 인류 최초로 1만 5,780m 상공의 성층권까지 올라갔습니다. 고도 1만 m 하늘에서부터 시작되는 성층권은 지구의 생물들을 태양의 자외선으로부터 보호해 주는 역할을 하는 곳입니다. 다음 해에는 고도를 더 올려 1만 6,201m까지 올라갔습니다. 우주에서 지구로 쏟아지는 각종 입자와 방사선 등을 연구하기 위해서였습니다.

그가 성층권 여행을 위해 발명한 여압실은 우주 탐험의 토대를 다졌다는 평가를 받습니다. 여압실이란 기압이 낮은 항공기에서 지상의 기압에 가깝게 공기 압력을 높여 놓은 방을 말합니다. 그는 성층권에서 둥그런 지구의 곡면을 자신의 눈으로 직접 확인한 최초의 인간이었습니다. 인류 최초의 우주 비행사인 소련의 유리 가가린이 유인 우주선 보스토크 1호를 타고 우주 공간으로 날아가 '푸른 지구'를 눈으로 확인한 것이 1961년이니, 가가린보다 30년을 앞섰습니다.

오귀스트는 성층권까지 타고 올라간 기구의 원리를 해저 탐사에도 적용했습니다. 그 결과 탄

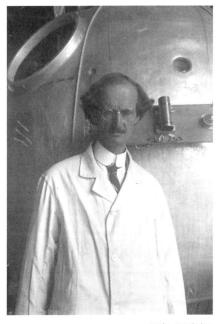

오귀스트 피카르

생한 것이 심해 잠수정입니다. 그는 이 잠수정에 '바티스카프'라는 이름을 붙였습니다. 그리스어로 '깊은 배'라는 뜻입니다. 1953년, 그는 아들 자크와 함께 잠수정을 타고 3,150m 바닷속까지 잠수해 들어갔습니다. 사람이 직접 심해로 잠수해 관측할 수 있는 길을 튼 순간이었으며, 이는 해양 탐사에서 혁명적인 사건으로 평가받습니다. 그는 당시로서는 가장 높이 날고, 가장 깊이 잠수한 인간이었습니다.

오귀스트는 자신이 발명한 모든 기기들을 직접 시험해 보았습

니다. 사람들은 그의 모험을 쉽게 믿으려 하지 않았습니다. 1931년 성층권을 탐사하고 난 뒤 그는 이런 말을 남겼습니다.

"지금 물어야 할 것은 인간이 얼마나 더 멀리 갈 수 있는지, 다른 행성에서 살 수 있는지가 아니다. 지구에서의 삶이 더 살 만한 가치가 있게 하려면 어떻게 사물들을 시스템화해야 하는지를 생각해야 한다."

오귀스트는 벨기에 만화가 에르제의 1930년대 인기작 시리즈 《땡땡의 모험》에 등장하는 해바라기 박사의 모델이기도 합니다.

더 깊이 들어가 핵폐기물 해양 투기 막은 아버지

오귀스트와 함께 잠수정을 개발한 아들 자크 피카르(Jacques Piccard, 1922~2008)는 해양학자였습니다. 평생을 바다와 호수 보호에 앞장섰죠. 1960년, 자크는 아버지가 개발한 '바티스카프 트리에스테 2호'를 타고 지구에서 가장 깊은 괌 동쪽 마리아나 해구의 1만 911m 바다 밑까지 잠수했습니다. 이 기록은 2019년 5월 미국의 한 억만장자 탐험가가 마리아나 해구 1만 927m 지점에 도착할 때까지 60년 가까이 깨지지 않았습니다. 그는 심연의 바다에서 20분 동안 머물며 신발 밑창처럼 납작한 심해어들을 발견해 세계 과학계를 깜짝 놀라게 했습니다. 사람들은 그때까지

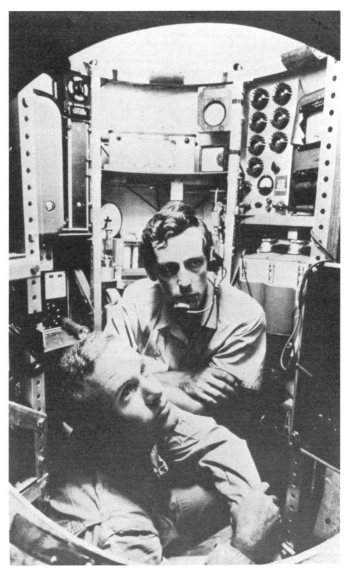

심해 잠수정 바티스카프를 탄 자크 피카르

이렇게 깊은 곳에서는 수압 때문에 생물이 살 수 없을 거라고 믿고 있었거든요.

이 역사적인 잠수는 사람들의 환경 인식을 바로잡았습니다. 당시엔 핵을 비롯한 독성 폐기물 해결 방안의 하나로 이 물질을 바다 깊은 곳에 버리는 방안이 거론되던 때였습니다. 바다 깊숙한 곳에는 생명체가 없다는 생각 때문이었죠. 이곳에 심해어들이 살고 있다는 사실을 확인함으로써 자크는 그런 생각이 얼마나 어리석은지를 깨닫게 해 주었습니다. 이런 모험 덕분에 국제 사회에서 핵폐기물 해양 투기가 금지될 수 있었습니다.

자크는 사상 최초로 관광용 잠수함도 개발했습니다. 1964년 제네바 호수에서 연 인원 3만 3천 명을 실은 잠수함을 포함해 4대의 잠수함을 만들었습니다. 1969년에는 자신이 만든 중심해 잠수정 '메조스케이프'와 함께 멕시코 만류를 한 달 동안 탐험하기도 했습니다. 그의 이런 경험은 미국항공우주국이 우주 실험실 '스페이스랩'을 만드는 데 크게 기여했습니다. 자크는 말년까지도 스쿠버 다이빙을 하며 해저 탐험 활동을 이어 갔습니다.

태양광 비행기로 지구를 한 바퀴 돈 손자

이 집안 3대인 베르트랑 피카르가 탐험가의 길을 걷게 된 데에는 열한 살 때의 경험이 결정적 역할을 했습니다. 그해에 아폴로 11호를 탄 우주 비행사들이 인류 최초로 달에 착륙했는데, 이 우주선을 쏜 로켓의 개발자 베르너 폰 브라운이 바로 베르트랑의 아버지인 자크의 친구였습니다. 이런 특별한 인연 덕분에 그는 1969년 7월 16일 미국 플로리다주 케이프 커내버럴 공군 기지에서 아폴로 11호 발사 현장을 직접 지켜볼 수 있었습니다. 그의 인생에서 결정적 순간이었죠. 베르트랑은 나중에 이렇게 회고했습니다.

"우주 비행사들은 꿈을 품었다. 꿈은 실패의 두려움보다 훨씬 크다. 이것이 진정한 개척 정신이라고 생각했다."

아폴로 11호 발사 장면을 보고 크게 감동한 베르트랑은 바다 탐험에 열중했던 아버지와 달리 비행에 매료되었습니다. 열기구, 항공기, 글라이더 조종 자격증을 잇따라 취득했죠. 1970년대에 그는 행글라이더와 초경량 항공기 분야의 개척자였습니다. 그는 극한 상황에서의 인간 행동에 대해서도 관심이 많았습니다. 이런 연구를 위해 스위스 로잔대학에서 정신의학을 전공했습니다. 그의 첫 탐험은 최면 요법을 통해 인간의 내면세계를 들여다보는 일이었습니다.

베르트랑은 1985년 유럽 행글라이더 곡예비행 챔피언에 올랐습니다. 그러나 할아버지와 아버지의 명성에 비하면 보잘것없는 모험이었습니다. 1999년 3월, 드디어 그는 최고 탐험가 집안의

3대다운 일을 해냅니다. 동료와 함께 '브라이틀링 오비터'라는 열기구로 최초의 논스톱(무착륙) 세계 일주에 성공한 것이죠. 세 번의 시도 끝에 세운 대기록이었습니다. 비행시간은 19일 21시간 47분. 비행 거리는 4만 5,755km였습니다. 이는 항공 사상 단일 최장 시간, 최장 거리 비행 기록이었습니다. 이 열기구는 현재 워싱턴 스미스소니언 항공우주박물관의 메인홀에 인류 최초의 달 착륙 우주선 아폴로 11호와 함께 전시되어 있습니다.

열기구 세계 일주는 베르트랑이 태양광 비행기 프로젝트를 시작하게 되는 질문을 던져 주었습니다. 그는 열기구 비행 도중 연료가 고갈되어 바다 한가운데에 떨어질지도 모른다는 불안감에 큰 스트레스를 받았습니다. 비행을 시작했을 때 3.7톤이나 되었던 LPG(액화석유가스) 연료는 비행을 마칠 무렵 40kg밖에 남지 않았습니다. 그는 다음번에 세계 일주를 한다면 화석 연료가 필요 없는 엔진으로 하겠다고 다짐했습니다. 그로부터 4년 후인 2003년. 드디어 태양광 비행기 '솔라 임펄스' 개발 프로젝트를 출범시켰습니다. 사업가이자 항공 조종사인 앙드레 보르쉬베르그와 손을 잡았습니다. 베르트랑은 태양광 비행기 개발에 나선 이유를 이렇게 밝혔습니다.

"20세기의 위대한 업적은 남극, 북극, 에베레스트, 바다의 심연, 달을 정복한 것이다. 그러나 21세기의 업적은 정복이 아니라 우리 행성에서 삶의 질을 더 잘 보존할 수 있는 것들로 이루어져

태양광 비행기 '솔라 임펄스'

야 한다. 경제적 이해와 생태학적 이해를 어떻게 조화시키고, 어떻게 에너지를 절감하고 새로운 동력원을 만들어 낼 것인가?"

베르트랑은 솔라 임펄스의 비전을 세 가지로 설명합니다. 첫째는 탐험과 혁신을 통해 재생 에너지에 기여하는 것. 둘째는 지속 가능한 발전에 청정 기술이 중요함을 보여주는 것. 셋째는 과학 탐험의 꿈과 정서를 심어 주는 것입니다.

베르트랑은 태양광 비행기가 밤에도 연료 없이 날 수 있다면 세상의 동력을 청정에너지로 만들 수 있다고 생각했습니다. 그래서 사람들에게 그것이 가능하다는 걸 직접 보여 주기로 했습니다. 태양광 비행기로 지구를 한 바퀴 돌면 사람들이 믿어 줄 거라고 생각한 거죠. 그리고 13년 만에 마침내 해내고 말았습니다. 그는 환경 운동과 산업 사이의 갈등과 괴리를 메울 수 있는 것이 바로 청정 기술이라고 믿습니다. 그러나 청정 기술을 강제로 쓰게 할 수는 없는 일입니다. 그가 선택한 방식은 사람들에게 강요하는 것이 아니라, 자신의 몸을 던져 그 효용성을 직접 확인시키는 것이었습니다.

태양광 비행기 세계 일주라는 1차 목표를 이룬 베르트랑의 다음 목표는 수개월 동안 고고도에서 날 수 있는 무인 전기 항공기를 개발하는 일입니다. 그런 다음엔 실용성이 있는 태양광 비행기를 만드는 것입니다. 그는 세계 일주 비행을 마친 직후 환영 인파를 향해 이렇게 말했습니다.

"이것은 항공 역사상 최초가 아닙니다. 이것은 에너지 역사상 최초입니다. 10년 안에 우리는 50인승 중거리용 전기 항공기를 보게 될 것입니다."

베르트랑의 지칠 줄 모르는 도전과 개척 정신은 어디서 나오는 걸까요? 그는 2009년 공개 강연 프로그램 〈테드〉에서 자신이 생각하는 개척자의 길을 열기구 세계 일주 비행 경험에 빗대어 설명한 적이 있습니다.

연료가 부족한 상황에서 바람을 타고 날아가는 열기구의 고도를 바꾸려면 모래주머니를 밖으로 던져 버려야 합니다. 미지의 길을 개척할 때도 마찬가지입니다. 개척자란 새로운 생각을 하는 사람이 아니라, 어떤 결정을 해야 하는 상황에서 자신이 갖고 있는 모래주머니를 밖으로 던질 수 있는 사람이라는 것이죠. 그가 말하는 모래주머니란 습관, 확신, 책임, 고정 관념 같은 것입니다. 이런 것들을 던

져버려야 새로운 환경을 맞을 수 있습니다. 고도를 유지해 주는 모래주머니를 던지는 그 순간은 두렵기도 하지만, 감춰져 있던 창의력에 불을 지피는 순간이기도 합니다.

어떤 모래주머니를 던질지 결정한 다음 우리가 갖고 있는 '가장 재생 가능한 에너지'로 고도를 높이는 것. 이것이 베르트랑이 권하는 미래 개척 방식입니다. 우리 안의 재생 가능 에너지란 무엇일까요? 베르트랑은 잠재력과 열정 두 가지를 꼽았습니다.

3대에 걸친 피카르 가문의 도전과 모험 이야기가 급변하는 세상과 마주한 여러분에게 작은 힘이 될 수 있기를 바랍니다.

| 참고 문헌 |

구본권, 《로봇시대, 인간의 일》, 어크로스, 2015

레이 커즈와일, 《특이점이 온다》, 김명남·장시형 옮김, 김영사, 2007

루이스 캐럴 원작, 마틴 가드너 주석, 《거울나라의 앨리스》, 최인자 옮김, 북폴리오, 2005

박가열 외, 《기술 변화에 따른 일자리 영향 연구》, 한국고용정보원, 2016

송기원, 《송기원의 포스트 게놈 시대》, 사이언스북스, 2018

아이작 유, 《질문지능》, 다연, 2017

오스틴 클레온, 《훔쳐라, 아티스트처럼》, 노진희 옮김, 중앙북스, 2013

유발 하라리, 《21세기를 위한 21가지 제언》, 전병근 옮김, 김영사, 2018

정지훈, 《거의 모든 인터넷의 역사》, 메디치미디어, 2014

케빈 워릭, 《나는 왜 사이보그가 되었는가》, 정은영 옮김, 김영사, 2004

케빈 켈리, 《인에비터블 미래의 정체》, 이한음 옮김, 청림출판, 2017

크리스토퍼 바넷, 《미래가 보이는 25가지 트렌드》, 손진형 옮김, 더난출판, 2012

클라우스 슈밥, 《클라우스 슈밥의 제4차 산업혁명》, 송경진 옮김, 새로운현재, 2016

클라우스 슈밥, 《클라우스 슈밥의 제4차 산업혁명 더 넥스트》, 김민주·이엽 옮김, 새로운현재, 2018

폴 뇌플러, 《GMO 사피엔스의 시대》, 김보은 옮김, 반니, 2016

4차 산업혁명 시대를 살아갈 우리

미래는 어떻게 올까?

제1판 제1쇄 발행일 2019년 11월 26일
제1판 제2쇄 발행일 2020년 5월 1일

지은이·곽노필

펴낸이·곽혜영 | 주간·오석균 | 편집·최혜기 | 디자인·소미화 | 마케팅·권상국 | 관리·김경숙
펴낸곳·도서출판 산하 | 등록번호·제300-1988-22호
주소·03385 서울특별시 은평구 연서로 26길 27. 2층(대조동), 대한민국
전화·(02)730-2680(대표) | 팩스·(02)730-2687
홈페이지·www. sanha. co. kr | facebook. com / sanha83 | 전자우편·sanha0501@naver. com

글ⓒ곽노필, 2019

ISBN 978-89-7650-524-8 43300

＊이 도서의 국립중앙도서관 출판시도서목록(CIP)은 e-CIP홈페이지(http://www. nl. go. kr / ecip)와
  국가자료공동목록시스템(http://www. nl. go. kr / kolisnet)에서 이용하실 수 있습니다.
  (CIP제어번호:CIP2019044565)
＊이 책의 내용은 저작권자와 출판사의 동의 없이 사용할 수 없습니다.